趣 味 报 刊

——中国著名报刊趣谈

暴士明　编著

科学普及出版社

·北京·

图书在版编目（CIP）数据

趣味报刊：中国报刊异趣大观／暴士明编著．—北京：科学普及出版社，2009.3

ISBN 978-7-110-07064-2

Ⅰ.趣… Ⅱ.暴… Ⅲ.①报刊－收藏－中国②报刊－史料－中国
Ⅳ.G894 G219.29

中国版本图书馆 CIP 数据核字（2009）第 022711 号

科学普及出版社出版

北京市海淀区中关村南大街 16 号　邮政编码：100081

电话：010－62173865　传真：010－62179148

http：// www. kjpbooks. com. cn

科学普及出版社发行部发行

北京凯鑫印刷有限公司印刷

*

开本：787 毫米 ×1092 毫米　1/16　印张：12.25　字数：283 千字

2009 年 6 月第 1 版　2009 年 6 月第 1 次印刷

印数：1－3000 册　定价：43.00 元

ISBN 978-7-110-07064-2/G · 3098

品味报刊文化的魅力

　　报刊是报纸和期刊的合称。报刊是社会发展的信息资源，人类进步的精神食粮，是反映并影响国家政治、经济和文化的重要媒体。报刊满足广大民众最直接、最经常、最普遍的传媒需要，是大众传播工具。上下数千年，纵横数万里；宇宙万物，天上人间；古今中外，历史长河；无所不及，无所不有；是任何一部百科全书都无法与之相比的。报刊日复一日地出版，就像我们每天见到的太阳一样，总是新的，人人都能从中得到温暖、得到哺育、得到洗礼、得到你需要的东西。

　　报刊是信息产品，也是知识产品，更是文化产品。报刊是有灵魂的，就像人有灵魂，民族有灵魂，国家有灵魂一样。报刊文化是一个报刊的灵魂，灵魂所在，生命所系。美国《财富》这个具有百年辉煌历史的期刊，其总裁休伊·卢斯认为"关键在于《财富》创造了一种体制，而这个体制背后是公司文化，即每个人都诚挚地相信，只有新闻的独立性和道德性才是我们成功的唯一根源。"报刊的经营之道和成功之路，越来越成为文化的经营，越来越成为文化的成功。谁拥有了文化的优势，谁就拥有了竞争优势和发展优势。

　　我们常说，没有文化的民族，是没有前途的民族；没有文化的企业，是没有前途的企业。同样，没有文化的报刊，是没有前途的报刊。报刊文化是一种理念，是一种哲学，是一种价值观，是报刊的魂。正如百年老店"同仁堂"的商魂"济世养生，同修仁德"一样。其信奉的"炮制虽繁必不敢省人工，品味虽贵必不敢减物力"的成功秘诀，如今已成国人的骄傲、国家的瑰宝。"同仁堂"的经营者和员工换了一代又一代，可是"同仁堂"商魂的辉煌依旧。

　　让我们品味和解读报纸中的文化亮点：

　　《科学时报》/ "科学眼光看世界，世界眼光看科学。"

　　《中国青年报》/ "让年轻者成熟，让成熟者年轻。"

　　《中国改革报》/ "了解中国的改革，感触改革的中国。"

　　《书刊报》/ "书之精髓，刊之精华，报之精彩。"

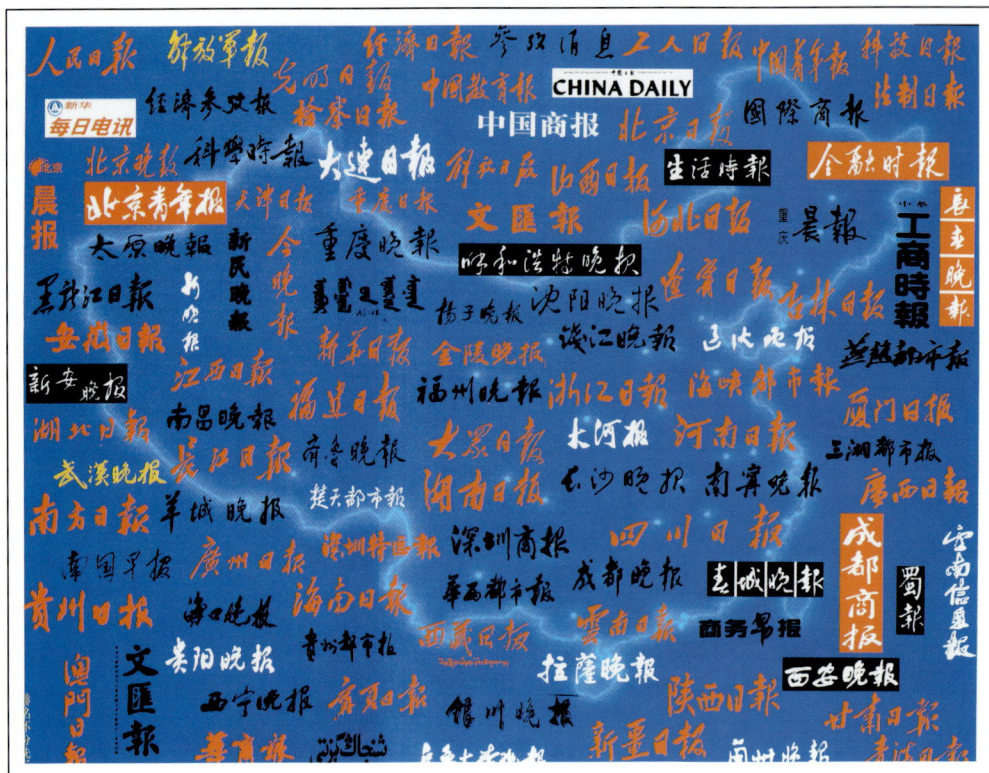

报头

《第一财经日报》/"商业改革世界。"

《环球时报》/"报道整个世界。"

《科学导报》/"让科学点亮生活。"

《中国剪报》/"集千家精华，成一家风骨。"

《现代保健报》/"健康的完美主义。"

《中国艺术报》/"撷艺术之精华，绘文坛之风云。"

……

让我们品味和解读期刊中的文化亮点：

《读者》/"中国人的心灵读本。"

《人民论坛》/"在惯常间晓以事理，在宽泛中论以精深，在平实中琢以奇伟。"

《董事会》/"伟大的公司需要伟大的董事会。"

《中国国家地理》/"推开自然之门，昭示人文精华。"

《科普画王》/"点拨迷津，趣味解秘。"

《做人与处世》/"快乐做人，和谐处世。"

《政府法制》/"政府之声，百姓之声，民主之声，法律之声。"

刊名

《观察与思考》/"观世界风云，思人间真谛。"

《小品文选刊》/"小品文大品味，小哲理大智慧，小故事大道理。"

《故事会》/"眼睛向下，情趣向上。"

……

以上报刊凡此种种现象，引起了社会和读者的关注，我们看到的是理性并走向成熟的报刊品质所在，风格所在，责任所在，使命所在，根本一句话，灵魂所在——一种可喜的报刊文化现象。

报刊文化不仅是指报刊的知识传播，而是是衡量报刊对知识传播的水准；不仅是报刊对真善美的阐释，而是报刊追求真善美的一种心态；不仅是报刊对新闻信息的追述，而且是报刊对新闻信息的哲学思考；不仅是报刊与读者之间简单的交流，而且是报刊与读者之间心灵的感应；不仅是报刊发行量不断攀升的辉煌，而且是辉煌背后社会与读者的认知度；不仅是报刊广告利润创造的成功，而且是实现成功过程中的一种自信心；不仅是报刊精美的平面图文设计，而且是设计理念的充分展现；不仅是报刊像每天日出一样日复一日地完成出版使命，而且是一种社会责任感的驱动和价值观的实现。

目 录

封面的历史

1953 年总第 5 期《连环画报》
"试车成功"

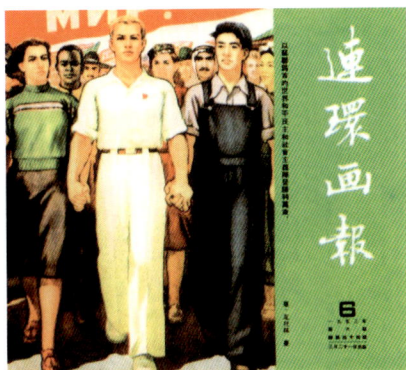

1953 年总第 6 期《连环画报》"以苏联为首的世界和平民主和社会主义阵营胜利万岁"

1953 年总第 7 期《连环画报》
"我们向共产主义迈进"

1953 年总第 8 期《连坏画报》
"祖国人民捐献的飞机大炮到了前线"

1953 年总第 9 期《连环画报》
"打开了祖国的宝库"

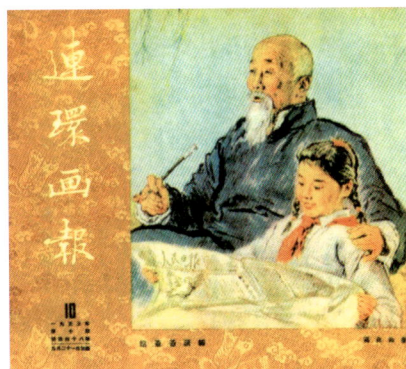

1953 年总第 10 期《连环画报》
"给爷爷读报"

1953 年总第 11 期《连环画报》
"写给最敬爱的毛主席"

1953 年总第 12 期《连环画报》
"全中国的儿童都热爱您"

1953 年总第 13 期《连环画报》
"爸爸妈妈选举去了"

1953 年总第 14 期《连环画报》
"和平保卫者"

1953 年总第 15 期《连环画报》
"在祖国辽阔的海洋上"

1953 年总第 16 期《连环画报》
"丰收"

1953 年总第 17 期《连环画报》
"家乡"

1953 年总第 18 期《连环画报》
"开国大典"

1953 年第 24 期《中国青年》

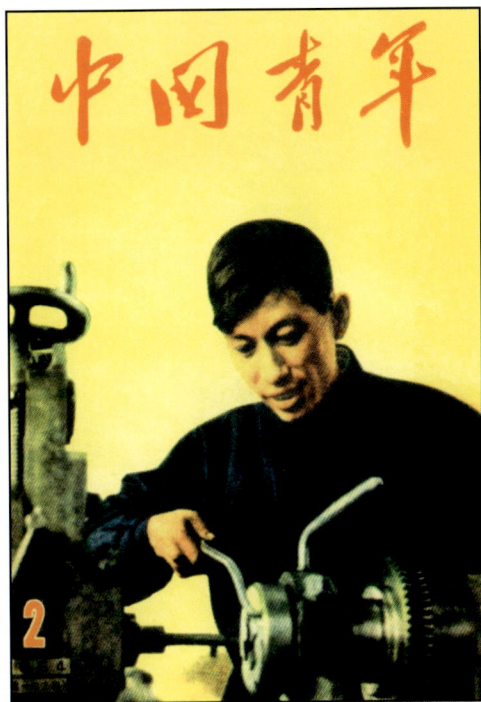

1954 年第 2 期《中国青年》

1954 年第 4 期《中国青年》

1955 年第 21 期《中国青年》

1965 年第 22 期《中国青年》

1966 年第 8 期《中国青年》

1983 年第 5 期《中国青年》

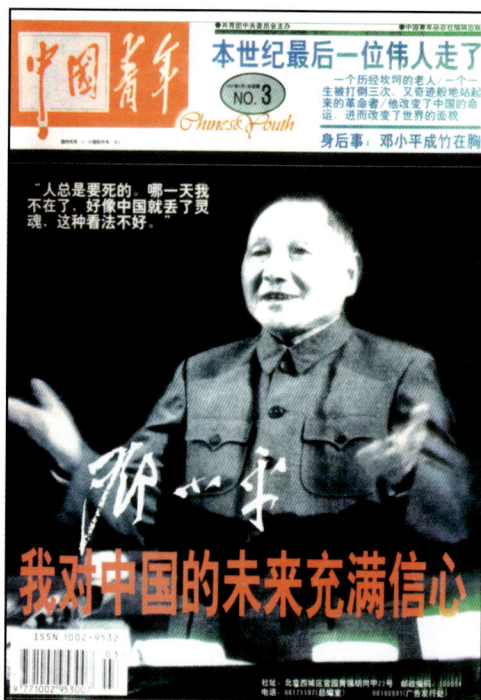

本世纪最后一位伟人走了
身后事：邓小平成竹在胸

我对中国的未来充满信心

1997 年第 3 期《中国青年》

1998 年第 2 期《摄影之友》

2001 年第 5 期《摄影之友》

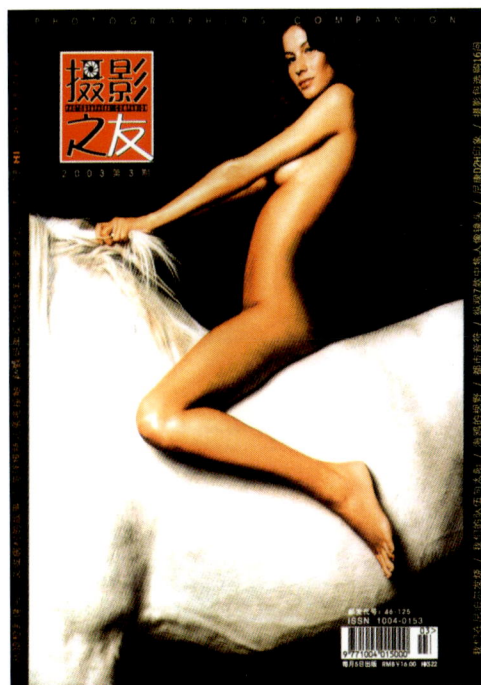

2003 年第 3 期《摄影之友》

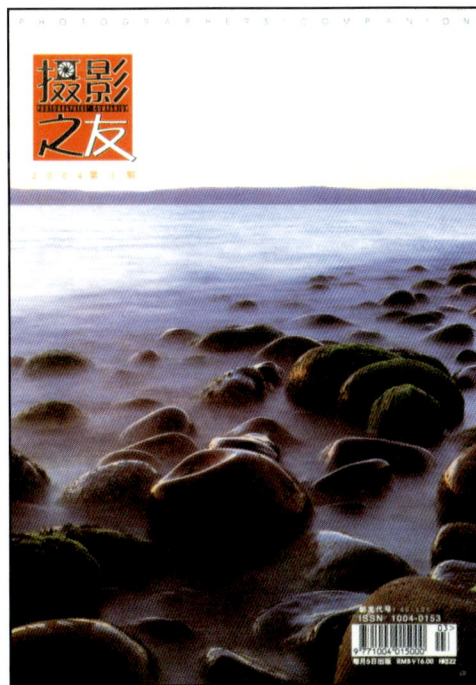

2004 年第 3 期《摄影之友》

1949年10月1日的《人民日报》头版，刊登了毛泽东当选中央人民政府主席的消息

1954年9月21日的《人民日报》头版，刊登了第一届全国人民代表大会第一次会议一致通过中华人民共和国宪法的消息

1963年3月5日的《人民日报》头版，刊登了毛泽东"向雷锋同志学习"的题词

1970年4月20日的《人民日报》头版，刊登了我国第一颗人造地球卫星发射成功的消息

1978 年 12 月 24 日的《人民日报》头版，刊登了中国共产党第十一届中央委员会第三次全体会议公报

1981 年 7 月 1 日的《人民日报》头版，刊登了关于建国以来党的若干历史问题的决议

1981 年 11 月 17 日的《人民日报》头版，刊登了中国女排首次获世界冠军的消息

1997 年 7 月 1 日的《人民日报》头版，刊登了中英香港政权交接仪式举行的消息

2001年11月11日的《人民日报》头版，刊登了中国加入世贸组织决定获通过的消息

2005年4月30日的《人民日报》头版，刊登了胡锦涛和连战在北京举行正式会谈的消息

2006年7月2日的《人民日报》头版，刊登了青藏铁路全线建成通车的消息

2007年10月22日的《人民日报》头版，刊登了中国共产党第十七次全国代表大会在京闭幕的消息

第一章 报刊形式趣谈

一、报刊名趣话与报刊徽创意

媒体的竞争，从某种意义上说，是品牌的竞争。读者对媒体的认识，也首先是对品牌的认识。品牌是一种名称、术语、标记、符号或设计的运用，并使其与竞争对手相区别。报刊名与报刊徽就是媒体的品牌，报刊种类繁杂，报刊名五花八门，报刊徽各具特色。

《民吁日报》1909年10月3日在上海创刊，于右任主办，景耀月主笔。《民吁日报》的报名，由于右任精心设计，他称："民不敢声，唯有吁耳！"其实该报名还有另一寓意。此前于右任办《民呼日报》遭到清廷嫉恨，反动当局扬言，如再宣传革命，鼓吹反清，将挖去其双眼。于右任思忖"呼"字挖"两眼"，不是还可以"吁"吗？于是在《民呼日报》被迫停刊45天后，《民呼日报》摇身一变而成《民吁日报》。公然向当局宣示，挖掉"两眼"，无所畏惧。《民吁日报》的"出生广告"颇有讽刺意味："本社近将《民呼日报》机器生财等一律过盘，改名《民吁日报》。以提倡国民精神，痛陈民生利病，保存国粹，讲求实业为宗旨。仍设上海望平街160号内，即日出版。"

《野草》月刊于1940年8月在桂林创刊，为32开

《中国青年》刊徽

本文艺刊物。由夏衍、聂绀弩、宋云彬、孟超、秦似为编辑。时值日本侵略者的铁蹄正在中国的大好河山间肆意践踏，中国人民正处在奋勇抗战的艰难岁月，这时大批文艺

《瞭望新闻周刊》刊徽

工作者和知识分子，从沦陷区辗转来到桂林。何以《野草》为刊名？这是因为《野草》原出之于鲁迅之书名。命名《野草》用意所在，如发刊词所云："野草虽然孕育于残冬，但苗长和拓殖却必须在春天的。如果严冬再来的话，它自然还得消亡。'野火烧不尽，春风吹又生'，这固然说明草莽之类的顽强，然而也同时是自然界的机械循环的悲剧。这种机械的循环，于人类倒不能类推的。大抵人间的春天到来，严冬自己就必先宣告死亡。不过这正是野草身外的事。"

《申报》1872年4月30日在上海创刊，主办人是英商安纳斯托·美查。《申报》报名之"申"含义有两个，一个是上海简称为"申"，另一个是1872年为"壬申"年，"地"和"时"的巧合，构成了《申报》的报名。

《大公报》1902年6月17日在天津创刊，由英敛之创办。《大公报》报名之"大公"，乃取"忘己之为大，无私之为公"之意。英敛之在《大公报序》中阐述为："介绍西方学术思想，启迪同胞聪明智慧。"并表示"以大公之心，发折中之论。扬正抑邪，非以挟私挟嫌为事，知我罪我，在所不计。"

《新京报》的报徽创意，长城烽火台图形。圆形，象征地球和眼球，以全球视野和国际眼光观察世界。长城象征中国和北京，象征守土有责的媒体责任意识，象征对国家人民的发展、富足、和平和安宁负责，象征媒体要讲政治意识、大局意识、责任意识；烽火台，最具中国特色的传播方式，中国传统中效率最高的传播方式，象征媒体终极价值和基本要素，象征媒体必须发挥预警和监督作用。凤凰形火炬，火炬象征光明，寓意光明日报报业集团，凤凰象征南中国的神鸟，寓意南方日报报业集团；火炬所传达的指引、探路、尝试、先锋等内涵，寓意报纸就像不断扩大光明范围的探照灯，成为照亮时间和空间的良心。

《读者》杂志的刊徽创意，以蜜蜂比喻《读者》具有象征意义。蜜蜂采花酿蜜，为人类提供"物质食粮"，并传播花粉，引来百花盛开。《读者》摘集文艺精品，为人们提供"精神食粮"，传播知识，促进精神文明。人

《中国儿童报》报徽

《读者》刊徽

们需要"物质食粮"，也还需要"精神食粮"。这只绿色的小蜜蜂，《读者》把它命名为中华蜂。小蜜蜂的底色是苹果绿，这种绿色充满了强烈的生命张力，它的象征意味与杂志的整体气质融为一体。

《故事会》刊徽

《故事会》杂志将天回山出土的"说书俑"作为刊物的标志。栩栩如生的"说书俑"，左手夹一面小鼓，右手摆动着鼓槌，说到激动之处，便将一只赤脚高高地跷起，形态可亲可近。这位说书的老人神情幽默、举止生动，用它来作为识别《故事会》的标志，大大地提升了刊物的文化品位，创建出自己的品牌形象。《中国青年》刊徽、《瞭望新闻周刊》刊徽及《中国儿童报》报徽设计也很有创意。

《新京报》刊徽

山不在高，有仙则名。水不在深，有龙则灵。刊物不在大小，有品牌则灵。

二、异彩纷呈的报眉刊头世界

使用汉语文字，或少数民族语言文字，或外国语文字书写成报纸名称的为报眉，书写成期刊名称的为刊头。报眉刊头不仅仅是报刊的称谓，即报刊名称，更是区别于其他报刊的重要标志，是构成报刊不可或缺的要素，总是出现在报纸头版或期刊封面的显要位置上。

古代报刊数量品种很少，能保存至今的更少。据不完全统计，近代报刊有两万多种；当代报刊据较完全整理也有近两万种；现今仍出版的报刊，指经国家新闻出版总署批准国内统一出版物刊号的只有一万两千多种。君不见黄河之水天上来，奔流到海不复回。回眸历史，千百年来曾产生过多少报刊文字、图片信息，几许趣闻轶事、掌故学说，但犹如大浪淘沙，有的完成历史使命寿终正寝，有的横遭变故中途夭折，有的昙花一现后不明不白，大多被淘汰和湮没了。唯有报眉刊头留在史集资料中、学生的教科书中和人们难以忘怀的记忆中。如今这些异彩纷呈的报眉刊头成为报刊文化遗产，值得我们珍藏和研究。

从史料研究角度看，这些报刊涉及社会科学和自然科学的各个领域及学科，从中可以窥见其社会、政治、经济、文化与新闻出版的缘源，成为了记录人类精神文明和物质文明进程的重要资料宝库。对于研究新闻史、出版史、报刊史、政治史、军事史、经济史、文化史及许多学科的历史，都具有相当重要的价值。一个历史时期产生的报刊，总是同当时的社会生活、历史变革和科学发展息息相关，记录了那个时代的特征、社会背景和历史潮流，成为了解那个时代的珍贵历史资料。

从文化收藏角度看，这些报刊作为大众传媒工具，上下数千年，纵横数万里；无所不及，无所不有。是任何一部百科全书都不能相比的。期间积累了凝重厚实的报刊文化知识，产生了浩如烟海的报刊趣闻轶事，记录了多姿多彩的报刊历史变迁，成为众多文化收藏形态中高雅的收藏文化活动，它可帮助报刊收藏者提高知识水平、文化素养和审美意识。报刊也一直是图书馆的重要收藏门类，而且珍贵稀少的报刊成为博物馆收藏的文物。报眉刊头的收藏，创刊号、试刊号、休刊号、复刊号、终刊号、特刊号以及号外的收藏，也愈来愈受到人们的青睐。

毛泽东三次为《中国青年》题写刊名

从书法欣赏角度看，这些报眉刊头既有楷书、行书、草书、隶书、也有美术体等。有的端庄严正，熠熠生辉；有的行云流水，飘逸洒脱。集中展现了我国古今的书法艺术和书家风采。其中既有毛泽东、周恩来、邓小平等老一辈无产阶级革命家的墨宝；也有江泽民、胡锦涛、温家宝等当代党和国家领导人的墨迹。不仅有鲁迅、郭沫若、赵朴初等名家的遗墨；还有启功、苏适、刘炳森等书法家的真迹。为广大书法爱好者提供了学习、临摹、欣赏、研究的极好机会。书法中气、韵、骨、血、肉的成熟，隐藏在字里行间，熔铸在线条的质地和况味之中，书家的智慧和修养，非一般境界所能感悟，其产生的美感才能更持久、更隽永，"书法是中国文化核心的核心"之魅力所在。

在报眉刊头的世界中，最值得骄傲和具传奇色彩的当属《中国青年》。

曾任中共中央宣传部长、大革命时期任《中国青年》主编的陆定一，对《中国青年》创刊意义有这样的评价：《中国青年》的创刊，是中国革命运动的一个重要事件。在这以前，马克思列宁主义虽然已经传播到中国来了，但像《中国青年》这样以马克思列宁主义教育青年的专门刊物还是第一个。所以它一经问世，就立刻受到广大青年群众的欢迎，并在革命运动中发挥重大作用。《中国青年》自 1923 年 10 月 20 日创刊至今 80 多年，历史上经过三次更名、三次停刊、三次复刊。毛泽东三次为《中国青年》题写刊名。

1923 年 10 月 20 日，《中国青年》创刊号上的刊名为革命先驱邓中夏的手迹。

报眉刊头集萃（一）

报眉刊头集萃（二）

报眉刊头集萃（三）

报眉刊头集萃（四）

1939 年 4 月 16 日，面临中国全面抗击日寇的形势，停刊十二年之久的《中国青年》迎来第一次复刊，毛泽东第一次为《中国青年》题写刊名。

1948 年 12 月 20 日，中国革命"天亮"前夕，停刊七年之久的《中国青年》迎来第二次复刊，毛泽东第二次为《中国青年》题写刊名。"军队向前进，生产长一寸，加强纪律性，革命无不胜。"这几句题词，在上点儿年纪的中国人中可谓耳熟能详，但人们却大都不一定知道，这是毛泽东为《中国青年》的复刊专门题写的。

1965 年第一期《中国青年》，使用了毛泽东为《中国青年》第三次题写的刊名。此后一直沿续至今 40 多年，《中国青年》杂志刊名毛泽东的手迹，在几代中国人民的视觉中永远地定格。

《中国青年》红色经典，红色时尚，红色凯歌！

三、好花还须绿叶扶持的副刊

中国报纸自有副刊至今已有一百多年的历史。1897 年 11 月 24 日，上海《字林沪报》附设的《消闲报》创刊，这是中国报纸最早刊出的专页副刊。副刊是中国报纸的一种特殊产物，是报纸上具有相对独立编辑形态，同时富有整体文化或文艺色彩的固定版面、栏目或随报发行的附张。传统意义上的报纸副刊是作为一种报纸的闲散资源空间而存在的，最初分为文人遣兴、通俗宣传、涉趣消闲、灌输常识、文化启蒙、文

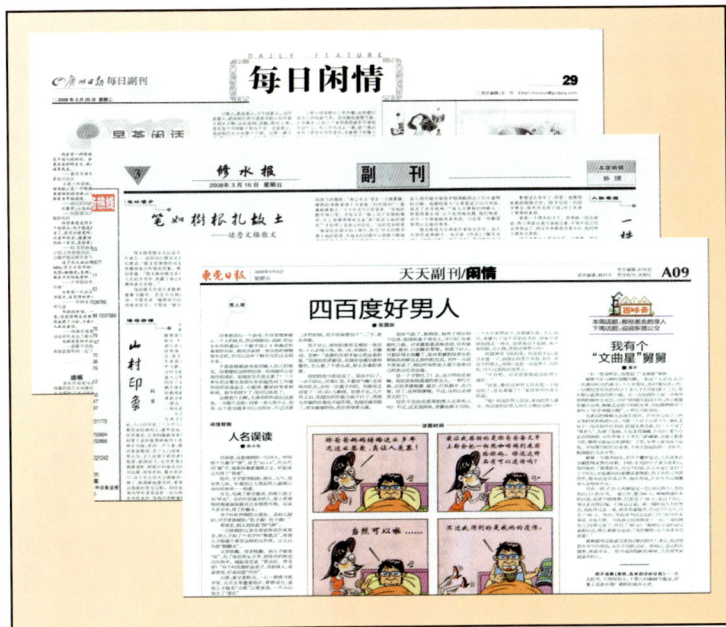

报纸"副刊"

艺创作和新闻性随笔七类，其存在只不过是报纸的附属品而已。

副刊历史上有过十几个名称，最早的称谓诸如文苑、丛载、余录、余审等，接着便是"谐部"、"说部"、"附张"、"附章"、"附页"以及出现的"文艺栏"、"文艺版"、"报尾巴"、"报屁股"等，最后由"晨报副刊"演变为相对稳定的"副张"、"副携"和"副刊"，而延续至今。中国第一个用"副刊"命名的报纸副刊是1921年以单张形式出版的《晨报副携》。

副刊原本是报纸新闻版面的一种"补白"，俗称"边角料"，可是后来发展成为受人们关注的一个专门版面，大有"无心插柳柳成荫"之势，并且有许多报纸因副刊的名气而得到更多人的青睐。像《人民日报》的"大地"副刊、《文汇报》的"笔会"副刊、《新民晚报》的"夜光杯"副刊等，这些副刊的名气与它们的报名的辉煌相得益彰，从而与报纸的生命融为一体，让人们体会到其深厚的文化底蕴与内涵。现在的报纸大多有自己独树一帜的副刊作品牌，发挥品牌效应，或者打名人明星牌，或者打亲情友情牌，或者打地域特色牌，或者打时尚潮流牌。《扬子晚报》的副刊就是著名作家冰心所题写的

《晨报副刊》

"繁星"，点亮读者心灵的副刊与繁星交相辉映。《广州日报》的副刊"身边"，反映的就是草根百姓所喜闻乐见的身边事和人和物。《杭州日报》的副刊"西湖"，只此一家别无分店的名字知名度无比。《新华日报》的副刊"新潮"，大有与时俱进、领导潮流之意，《连云港日报》的副刊"花果山"，其名字因为小说《西游记》驰名四方，远比报纸本身的名气更大。《中国老年报》的副刊"苍松"，《上海老年报》的副刊"枫叶"，《陕西老年报》的副刊"重阳"，《福建老年报》的副刊"晚晴"蕴味无穷。

谈到副刊在报纸上的地位和影响，不得不提到中国现代报界最著名的"副刊大王"孙伏园和"副刊圣手"张慧剑两位前辈。

孙伏园早年入北京大学文科学习，参加发起成立文学研究会、新潮社和语丝社，编辑《国民公报》副刊、《晨报副镌》、《京报副刊》、《中央副刊》等。在鲁迅的支持下，他改变了以前报纸副刊消闲的低级趣味性质，成为介绍新文艺、新思想、新知识、反对封建主义思想文化的重要阵地，发表了《阿Q正传》等多篇鲁迅的文章和许多介绍科学知识的读物，他的副刊风格不仅宣传了新思潮，而且还表现出时代的知识性、文学性和趣味性的特点，被誉为"副刊大王"。

张慧剑早在二十岁就开始进入新闻界，他以独特的视角和写作风格编辑《舆论报》副刊、《南京晚报》副刊、《东南日报》副刊、《时事新报》副刊、《新民报》副刊等。人称《新民报》"三张一赵"的张慧剑、张恨水、张友鸾、赵超构的专栏文章醉倒读者一大片。他所编的副刊内容丰富包罗万象，谈古说今讽喻现实，引导阅读追求光明，自采自写生动活泼，发表了大量杂文、散文、旧体诗词，而且副刊兼有文学性和新闻性的特色，得到受众的称道，被誉为"副刊圣手"。

随着时代的进步，人们的观念和欣赏水平也在不断地变化，受众对报纸副刊的日渐青睐，报纸副刊的地位和价值也被人们逐渐发现，报界于1995年成立了中国报纸副刊研究会，如今已拥有400多家会员单位，多年来研究会组织副刊编辑进行采风和研讨活动，加强副刊的学术交流和副刊编辑的修养，还组织每年的全国报纸副刊评奖活动，提高报纸

《京报》副刊

副刊在新闻传媒中的地位和作用，报纸副刊还逐渐摆脱了附属品的尴尬局面，成为报纸的重要组成部分，发挥着举足轻重的作用，以自信的胸怀，舒展着自己的个性，迎来了生存和发展的广阔空间，绿叶与红花一样美。

四、"号外"报的特殊魅力

天天都要出版的编号报纸，无疑自觉或不自觉地记录着平凡的历史。编号外出版的"号外"报少之又少，"号外"报收藏书写着另类的历史。

所谓号外就是："报纸在固定的出版期编号发行之外，临时出版的单张，通常用于急需发布的特别重大的最新消息。"由于这种单张报纸不列入原有的编号，故称号外。号外是报社报道突发新闻或有历史意义事件的新闻纸，具备记录重大史实，披露突发事件、反映社会热点的特征。

"号外"报既是历史风云变幻的见证，又是突发历史事件的再现，也是富有品位和意义的收藏品，具有突发性、时效性、史料性及增值性的特点，也有很高的收藏与研究价值，而且印发量小，发放随意，不容易收集。被报刊收藏界普遍认为是一支增值潜力股。如果1925年出版的一份登载孙中山逝世消息的《顺天时报》号外以7000元的天价成交，仍然不算一条收藏新闻的话，那么几年前《广州日报》和《广州商报》联合出版的中共十五大号外卖到了400元，恐怕就要让许多收藏者心动了。近年红色文献收藏热，使红色文献

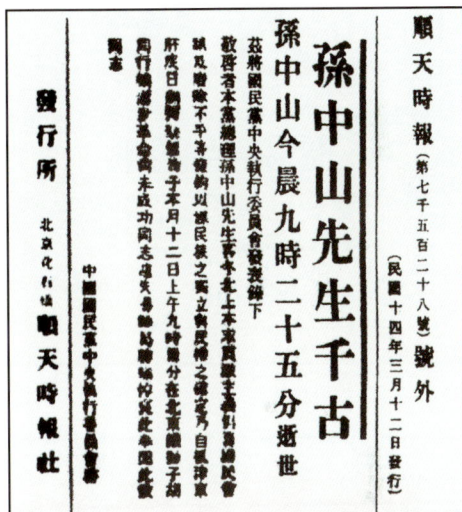

《顺天时报》号外"孙中山先生千古"

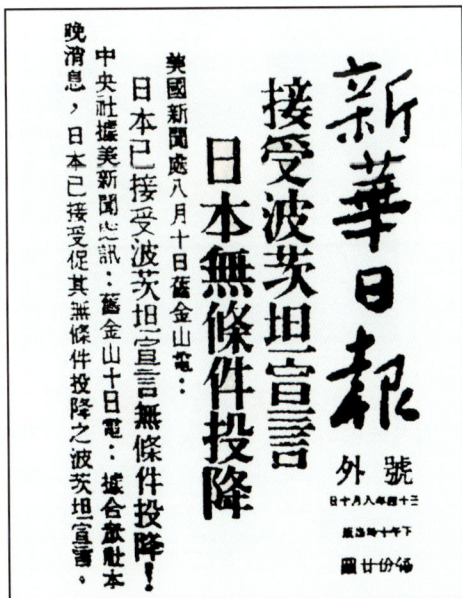

《新华日报》号外"日本无条件投降"

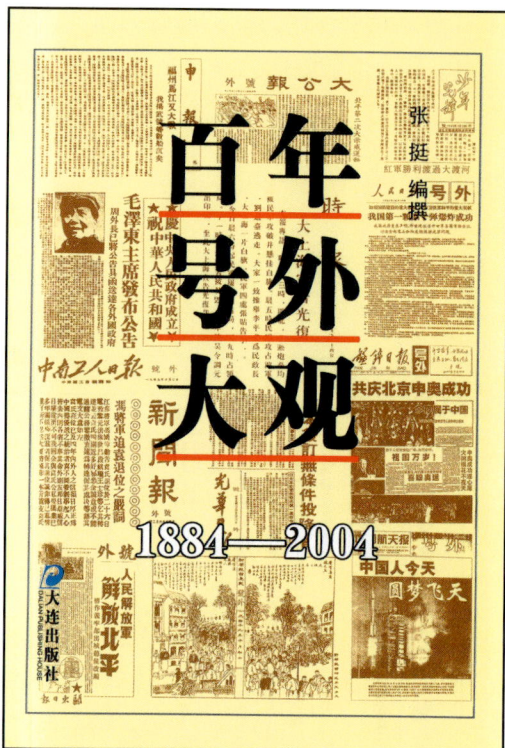

张挺编撰的《百年号外大观》

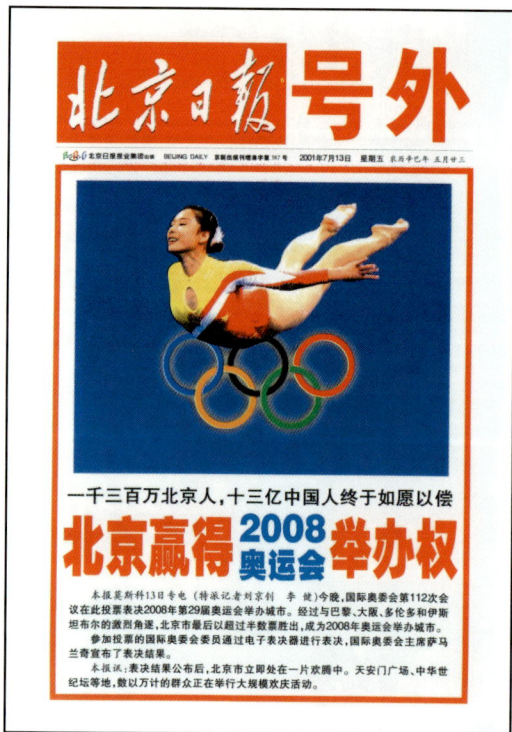

《北京日报》号外"北京申奥成功"

的价格一路走高，1948年10月28日发行的《安东日报》号外，登载了解放东北的关键一战，辽沈战役中我军击溃敌军五个军的消息，是中国共产党领导的解放战争的重要历史见证，此单张号外报竟卖到了5000元。

在声像和网络还没有大举进入公众生活领域之前，报纸是及时记录重大历史史实、披露突发事件、反映社会热点的主要新闻媒体。而号外则是报纸为公众解读突发新闻和重大历史事件的最快方式。在我国，报纸号外是随着电子通信技术的发展和报社采集新闻能力的提高而出现的。19世纪80年代，国内各路电报线路陆续铺设成功，一些报社开始外派记者，新闻采集能力大为提高。由于电讯来得非常及时，有一些重要消息，急于刊布，等不及在次日见报，再加之品牌时代报纸参与传媒竞争，塑造自身形象的需要，于是"号外报"也就应运而生。

我国最早发行中文"号外报"的是《循环日报》。1874年5月4日，《循环日报》第一次印刷发行"号外报"。这份"号外报"虽然没有明确写明是"号外"，但它的特征和发行目的"特印小纸，以便先得览观"，说明它是在正常出版时间外紧急刊印，以让读者知道最新、最重要消息的特殊"小纸"。据此，新闻史学界确认了这份"小纸"便是中国第一份中文号外。推翻了过去新闻史学界普遍认为，最早的中文号外是上海《申报》在 1884 年 8 月 6 日发出的题为"驻榕法舰尚无动静"的号外之说。在此以前，英文《广州周报》于 1836 年 10 月已经刊发了中国第一份英文号外。

2003 年 6 月 28 日至 7 月 6 日，首届中国号外报收藏展览在北京报国寺举办，这是一次报刊收藏界的盛会。这次号外报展览是由中国收藏杂志社及中国商报收藏拍卖导报共同举办、北京报国文化发展有限责任公司承办的。

展览设有 120 块展板及展柜，由民国初期、抗日战争时期、解放战争时期、新中国建立初期、文化大革命时期、历届党代会、历届全国人大、两弹一星发射成功、庆祝港澳回归、体育之光、战争风云等十几个专题组成。展出了从 1911 年至今近百年的近 400 份号外报纸，是从 19 个省、自治区、直辖市号外收藏者中征集的，参展的收藏者多达 60 位。

走进号外报展览大厅，人们仿佛置身于近百年重大历史事件的长廊，一份份号外报浓缩了神州大地近一个世纪的惊风骇雨，记录了中华民族复兴的历史进程。展出的号外报多是罕见的珍品，引来了众多的记者和观众，好评如潮。首都众多媒体竞相采访报道，盛况空前，很多外埠观众得知消息，争先赶来一饱眼福。如 1911 年《时报》号外"恭祝共和成立"、《民论日报》号外"张勋复辟"、《顺天时报》号外"孙中山先生千古"、《晶报》号外"上海五十万民众大会欢迎北伐军"、《抗日日报》号外"日降书昨晨正式签订"、《人民报》号外"北平解放"、《人民日报》号外"南京反动政府宣告灭亡"、"我国第一颗原子弹爆炸成功"、"我国成功地发射了第一颗人造地球卫

《人民日报》号外"北京申奥成功"

散发《人民日报》创刊号

星"、"北京申奥成功"、《新华日报》号外"中苏缔结友好条约"、《解放日报》号外"上海申博成功"、《新文化报》号外"中国男足冲入世界杯"等。

号外报见证和记录了历史风云，不仅在当时具有极大的新闻价值，满足了读者对特殊信息的需求，而且也给后世留下了翔实、珍贵的图文资料，具有极高的文献价值，是我们了解历史的重要窗口。

五、年鉴创刊号别有天地

报刊收藏是一个十分广泛的概念，因为全世界每天出版发行的报刊数不胜数。中国作为报刊大国，每年公开出版发行的报刊数以万种。这些报刊涉及社会科学与自然科学各个学科门类，不要说全部集齐，就是集齐其中几类或某类也是很不容易的。有意义的而又特别的报刊收藏显得尤为重要。注重"特色"收藏易出成果，"特色"报刊收藏具体说来，就是重点收藏报刊的试刊号、创刊号、复刊号、休刊号、终刊号、纪念号、号外以及专刊、特刊、增刊等其他特殊形式意义的报刊，例如 2000 年 1 月 1 日，专门收集 21 世纪与 20 世纪交替间的日报就很有意义。从"特色"入手，缩小了报刊的收藏范围，但加大了报刊收藏的分量，从投资角度也增添了收藏增值的空间。

年鉴创刊号的收藏，应该说是一个很好的选题，是独具"特色"的报刊收藏。社会上很多人认为年鉴收藏并非报刊收藏的范畴，年鉴既不是刊、更不是报。其实不然，年鉴符合期刊的所有要素。《辞海》云："期刊是根据一定的编辑方针，将众多作者的作品汇集装订成册，定期或不定期的连续出版物。每期版式大体相同，有固定名称，用卷、期或年、月顺序编号出版。"年鉴大多符合这些要素，

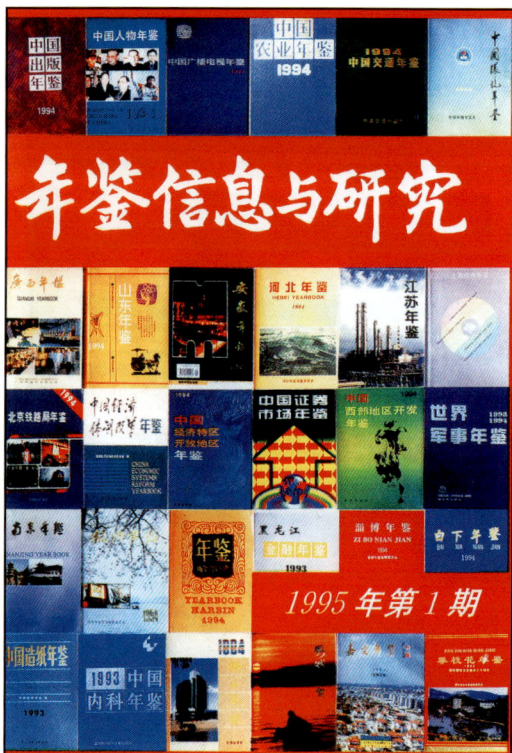

《年鉴信息与研究》

而且很多年鉴还申请注册了"国内连续出版物统一刊号",当然也有年鉴申请了统一书号出版,但定期连续出版的特征是不容置疑的。

年鉴,是集知识、信息、情报、数据、资料于一身、集万卷于一册,缩一年为一瞬,是历史的里程碑,信息时代的瑰宝。年鉴,是信息载体,年鉴事业是信息产业。我国的年鉴信息网络,覆盖全国,包容各行各业,各种信息无所不有。这个信息矿藏,是取之不尽的再生性矿产资源。

从历史上看,中国第一部具有现代意义的年鉴《新译世界统计年鉴》(编者谢荫昌)于1909年由奉天图书馆出版,至今已有百年的历史。相比一般期刊最

《中国年鉴概览》

早出版的《察世俗每月统记传》约晚一个世纪。从20世纪初中国开始出版年鉴以来,出版过多少种年鉴?目前共有多少种年鉴在出版?这是业内外许多人士都十分关心的问题,也是年鉴收藏者最为关心的问题。

为了便于系统研究中国年鉴出版的历史,北京志鉴书刊研究院于2003年编辑出版了《中国年鉴概览》一书,众多专家、学者在反复考证研究的基础上,根据第一手资料进行校订,最后介绍:1909年我国出版第一本中文年鉴,到1949年我国出版各种年鉴207种,到2003年我国出版各种年鉴2280种,其中大部分在20世纪80年代改革开放后创办出版。1979年10月邓小平与中国大百科全书出版社负责人谈话时说:"编辑出版年鉴,很有必要,这是国家的需要,四化建设的需要。"随后成立了中国年鉴研究会,1995年又创办了《年鉴信息与研究》季刊,现改为双月刊。这是我国年鉴界目前唯一公开发行的正式期刊,为探讨我国年鉴编纂理论,交流年鉴工作经验,发挥了很好的作用。

《年鉴编纂百议》中讲:"年鉴,就是一年一鉴,即逐年出版的,以记述某一专业或某一地区、某一领域一年内各项事业的新发展、新情况为主要内容的知识密集、信息密集、时间密集的资料性、便览性工具书,是高密度、大容量的知识、信息、文献、资料的结合体。它集百业为一册,缩一年为一瞬。它是史册,是昨天的记录,今天的镜子,明天的见证。"年鉴的"特色"还在于具有权威性、综合性、

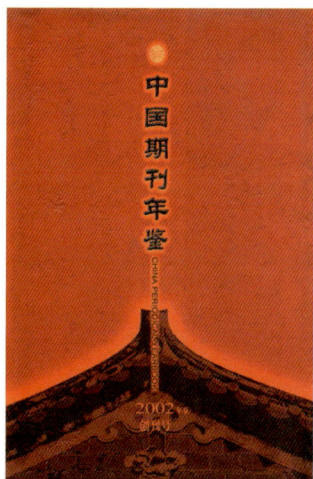

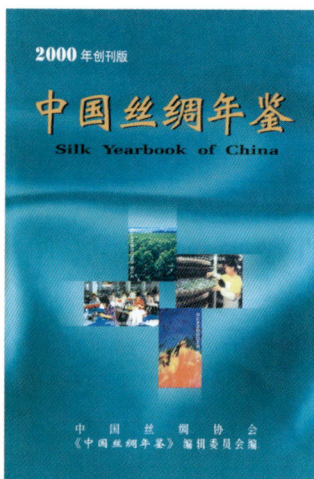

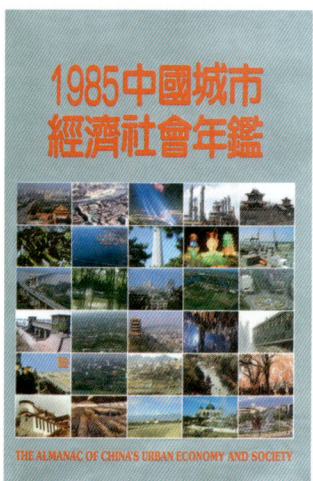

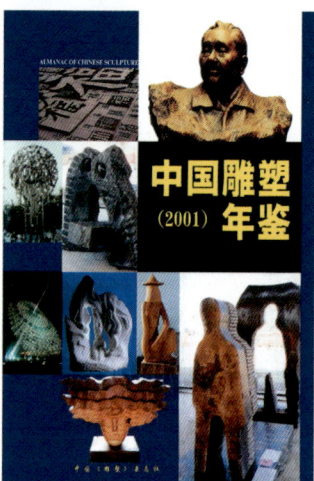

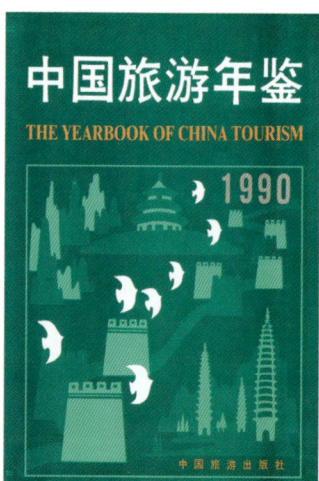

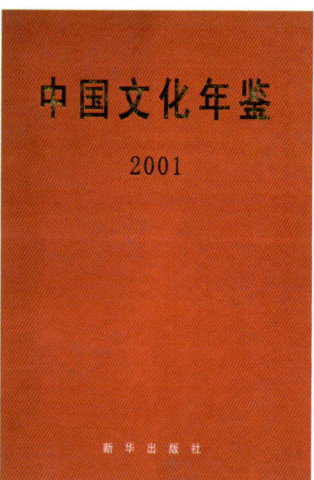

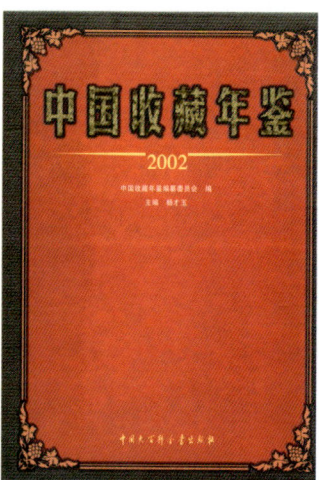

年鉴创刊号集萃

系统性、科学性、资料性、实用性、规范性、报道性的特点，集辞典、手册、年表、图录、书目、索引、文献、表谱、指南、统计资料便览于一身，肩负着"鉴往知来，服务现实，保存史料，惠及后人"的重要使命。

从年鉴的版权页上我们不难发现，年鉴一般发行量较少，相对存世量较小，而且定价码洋较高，相对购买率较低；并且涉及领域广而品种少，相对收集较容易。随着年鉴收藏热的不断升温，一种国际现象值得我们关注，世界各大图书馆近来加大向我国订购各类年鉴，系统地、全面地收藏中国年鉴。为了保证年鉴收藏的连续性，甚至派人到中国旧书摊高价收购，特别是年鉴创刊号显得尤为珍贵，年鉴创刊号收藏已经成为报刊收藏的一支增值潜力股。

年鉴创刊号这一特殊的、有价值的收藏别有一番天地。

六、纸上新版"编辑部的故事"

人们从电视连续剧"编辑部的故事"中，知道了很多编辑生活中的喜、怒、哀、乐，可是人们却不知道报刊上登载的文章稿件是怎样编发出来的，未发表的文章稿件又是怎样被毙掉的，编辑部里的故事，确实令编辑部外的人感到很神秘、很好奇。我们有幸从 2005 年《青年文摘》彩版创刊号中，知道了报刊上登载文章稿件编发的秘密。

《青年文摘》彩版创刊号中"幕后"栏目是这样说的："本栏目每期选一篇被主编毙掉的稿件，呈现给读者。在这里，你除了有幸可以看到没通过审查的文章，还可以通过'发稿签'的形式，看到编辑及主编的不同意见。"下面我们就如实地将作者张晶的文章作品《文以载乐》全文以及 2004 年 11 月 30 日编辑陈

《青年文摘》彩版发稿签

思亮选编送审的意见、2004年12月10日主编周德东不发退稿的意见回放给大家，让读者自己对这篇本应看不到，而却又看到的文章，仁者见仁，智者见智。同时，也让读者欣赏一番《青年文摘》彩版编辑部别开生面的编辑游戏。

文 以 载 乐

有人说，文字是用来承载的。

神圣、崇高、打破、重建、责任、使命……这些像锅一样的帽子扣在文字上，那张脸怎么能不严肃？一严肃起来就要教训人，教导人，教育人。

小时候，跟老师争书上的道理，老师说不过我，就生气地说，你不尊重我，至少得尊重我的年龄。嗯，有道理，依此类推，我得出了一个结论，可以不尊敬文字，但得尊重文字训我的资格。想想，从小你就跟人家学习，人家训你几句，不是应该的吗？

渐渐的，我就落下了毛病，我看到印刷体文字就想脱帽致敬。您看看，现在的读物，小到一篇文章，大到一本图书，要么就是艰涩难懂，要么就是满纸大道理，都是一副带你上层次的架势。

突然想到一个词——文以载道。写字的人估计都被这句庄严的话给震晕了。

冯小刚说了，老百姓不缺思想，缺娱乐，此言极是。

我品位不高，我俗，我就喜欢看电视上的小品，我就喜欢通俗小说。我快乐啊！

林语堂也说了，只有快乐的哲学，才是真正深湛的哲学。

任何一种艺术的终极目的都应该是让人活得更轻松、更幸福、更充实，而不是让人更痛苦。不管它有多么伟大的理由。

人生在世，有个"一字师"就够我们尊敬的了，可是你看呀，在我们的视野里，长着老师和大师面孔的文字密密麻麻，铺天盖地！

现在，我已经成人了，我终于可以为自己的眼睛和耳朵做主了，我闪。

……把文字头上那顶锅一样的帽子摘下来，让它变成马戏团小丑手中那顶上下翻飞的有趣的帽子吧，给我们带来直达心灵的愉悦，这就够了。

《青年文摘》彩版编辑部陈思亮编辑的意见：

本文标题机灵，短小精悍，观念新鲜。现在很多的读物，拍打拍打，准能抖落出一堆道理；但是想从中榨出一两滴趣味来，却是难上加难。本文提倡文化读物的娱乐性，愉悦性，跟本刊所追求的风格与理念类似。

作者张晶，曾出版小说四部，这是她第一次为杂志撰写短文。

《青年文摘》彩版编辑部主编周德东的意见：

此文观点过于偏颇。如果全天下的文字作品都变成快餐食品，只具备搞笑功能，那将是一件多么可怕的事啊。当下市场上那些花花绿绿的报纸、杂志、畅销书，还有那些商业味十足的电影和电视节目，充斥着我们的生活，还不够吗？喜闻乐见的文字作品当然是好的，但必须有金子一样的内涵。另外，此文载的"乐"并不足。不发。

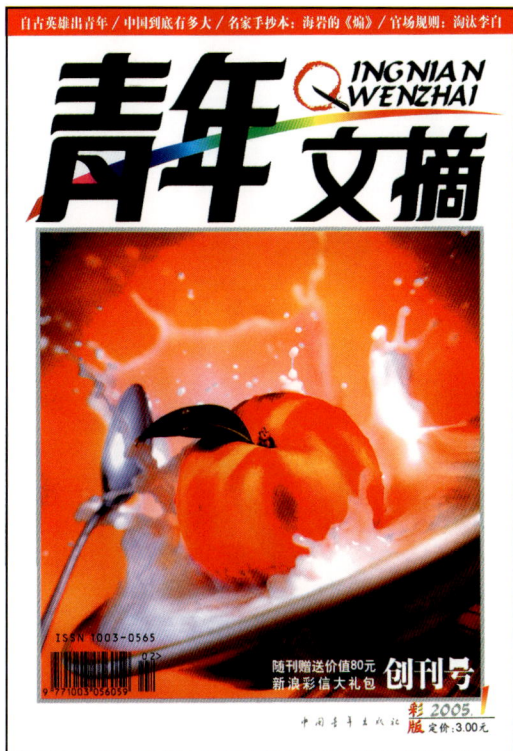

《青年文摘》彩版"创刊号"

读者原汁原味地看完了作者张晶的《文以载乐》以及编辑和主编的意见，有何感想呢？不妨把你的意见告诉《青年文摘》彩版编辑部，期待新版"编辑部的故事"续集。

七、华夏报刊发刊词赏析

华夏民族，是一个在世界上有着独特文化传统而历史悠久的民族，在社会科学和自然科学的各个领域，无不显示出自己特有的形式与风格，在世界上形成一个强大的文化系统而放射着灿烂的异彩。报刊文化中的发刊词这枝奇葩尤其如此。

我国报纸，期刊纷纭，发刊词不断，名篇佳作浩如烟海，傲立于文章经典之林，成为反映中华民族文明进程的"广角镜"，随着时间的推移，伴随着报刊创刊号的诞生，一起扬名成金的发刊词，成为弥足珍贵的文化遗产。

十年前，石家庄陆军学院的刘宏权和刘洪泽主编了《中国百年期刊发刊词600篇》一书。作者历经三年多的时间，查阅了百余年来近万种期刊的创刊号，从几千

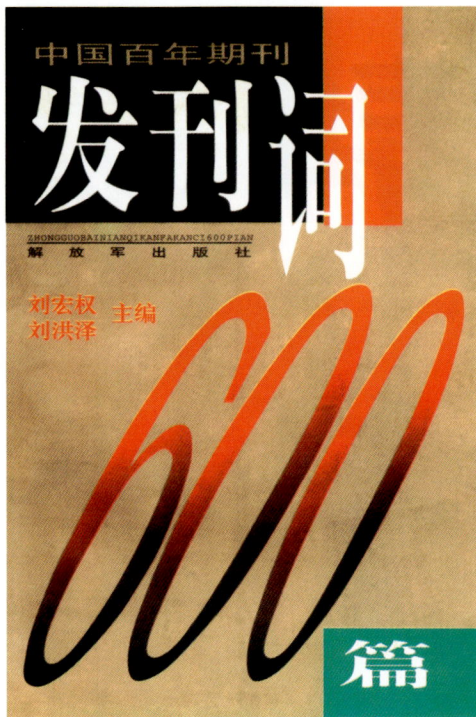

《中国百年期刊发刊词 600 篇》

篇发刊词中，选出了不同历史时期、不同学科、能够反映时代思潮及社会背景的、有特色并有代表性的发刊词 600 篇，供我们研读和赏析。

该书出版说明中指出："大凡创办期刊（杂志），总要发一篇开场白性的文字，诸如发刊词、创刊词、弁言、告读者、宣言、社告、旨趣书等。名称虽然千歧万殊，但目的几乎都是一致的，不外乎将创刊的目的、意义、缘由、背景、编辑方针、刊物性质以及政治的、学术的、文化的、思想的主张等告诉读者。而恰恰正是这些内容，表达了其所处时代的思潮，记录了其所处时代各个学科的发展状况。这些内容，到今天，就成了了解那个时代不可多得的珍贵文献资料。"

发刊词的作者不乏政治家、哲学家、思想家、科学家、教育家、军事家、文学家、艺术家以及某个专业或行业领域的专家，通过发刊词阐述对自然、社会、人生观、价值观等诸多问题的独到而深入的见解。这些见解语言精辟、意味深远、启迪智慧，闪烁着思想的火花。发刊词不论叙事，还是抒情，或者议论，无不"文以载道，文以明道"。发刊词或片言居要，高度概括；或文锋犀利，一语中的；或议论风生，捭阖纵横；或形象生动，熠然生辉。报刊发刊词蕴含着极大的历史文化价值。

李大钊、陈独秀、瞿秋白、孙中山、蔡元培、章太炎、叶圣陶、田汉、茅盾、老舍、郭沫若、钱伟长、马寅初、朱光潜、毛泽东、周恩来、朱德、董必武等，都曾为报刊史上重要刊物撰写过非常著名的发刊词，让我们共同赏析这些脍炙人口的发刊词佳作。

《湘江评论·发刊词》1919 年 7 月 14
毛泽东

自"世界革命"的呼声大倡，"人类解放"的运动猛进，从前吾人所不置疑的问题，所不遽取的方法，多所畏缩的说话，于今都要一改旧观，不疑者疑，不取者取，多畏缩者不畏缩了。这种潮流，任是什么力量，不能阻住。任是什么人物，不能不受他的软化。

世界什么问题最大？吃饭问题最大。什么力量最强？民众联合的力量最强。什么不要怕？天不要怕，鬼不要怕，死人不要怕，官僚不要怕，军阀不要怕，资本家不要怕。

……

时机到了！世界革命的大潮卷得更急了！洞庭湖的闸门动了，且开了！浩浩荡荡的新思潮业已奔腾澎湃于湘江西岸了！顺他的生；逆他的死。如何承受他？如何传播他？如何研究他？如何施行他？这是我们全体湘人最切最要的大问题，即是"湘江"出世最切最要的大任务。

《中华手工·发刊词》2004 年 4 月
冯骥才

工业文明到来之前，人类用双手满足自己的一切需求。无论是盖房和造物，还是做饭与制衣，都由双手来完成。但这还不够，双手还要承担人的不停歇而精益求精的追求。既有生活的又有精神的和想象的。于是，从生活的智慧、技术的发明直到审美理想都是由双手来体现的。由于审美进入十指，便有了许多艺术油然而生。无论是能工巧匠的精雕细刻，还是乡野村夫手中带着泥土与青草芳香的民间艺术。

人类的双手曾经是巨大的、神奇的、灵透的。在那个遥远的历史时期，我们的眼睛、耳朵和总是突发奇想的脑子以及所有能力，好像都长在双手上。手是心灵最灵便的工具，那时称手工为神工。故而，愈是文明古老的民族，他们的双手就愈是聪明；同时，不同民族的双手又具有各不相同又奇特的本领和气质。

……

手工，属于人类文明进程的一个伟大的历史时代。它是不同地域聪明才智的各自见证，也是民族与地域精神传承性的载体和个性的象征；从文化人类学角度说，每一种手工后面还有一片深广的生活景象与历史信息。这些信息中，只有少量体现在手工的制品中，更多地仍保存在手工活态的过程中。因此，抢救与记录濒危和珍稀的民间手工，是保护历史文化遗产的重要工作，也是人类文明转型期间的全新课题。我们以前没做过，但现在非做不可。因为，老房子在轰隆隆地与我们告别，缤纷的手工正在不知不觉地成批死亡。

　　人类放弃手工，使用机器，是伟大的进步，但我们同时还要记忆手工。因为——放弃手工是为了文明的发展，记忆手工是为了文明本身。

八、第 29 届奥林匹克运动会号外报收藏

　　一百年前的伦敦奥运会开幕之际，我国天津一家教会报刊曾发出了著名的"奥运三问"：中国何时能派运动员参加奥运会？何时能获得奥运奖牌？何时能主办一届奥运会？这种自我诘问，出现在内忧外患沉重、民族毫无尊严的黑暗时期，字里行间对国家复兴民族自强的期盼之情溢于言表。

　　一百年后的今天，我们可以自豪而且圆满地回答"奥运三问"：

　　1932 年，刘长春代表中国首次参加在美国洛杉矶举行的第 10 届奥林匹克运动会。

　　1984 年，中国重返奥运大家庭，在第 23 届洛杉矶奥林匹克运动会上实现第一块金牌的突破，以 15 金、8 银和 9 铜的成绩排名奥运会金牌榜第四。

　　2008 年，中国成功地举办了第 29 届北京奥林匹克运动会，以 51 金的成绩排名奥运会金牌榜第一。

　　举办奥运会，是中华民族的百年期盼，是海内外中华儿女的共同心愿，也是我们对国际奥林匹克运动的贡献。中国成功地举办了一届有特色、高水平的奥运会，国际奥委会主席雅克·罗格评价：第 29 届北京奥林匹克运动会是一届无与伦比的奥运会。

　　北京奥运会是世界上影响范围最广的一次体育盛会，有一万多名运动员、3 万多名媒体记者和 40 多万名各国游客光临北京，全球有约 40 亿观众通过媒体感知和体验北京奥运会。第 29 届奥运会广泛传播"绿色奥运、科技奥运、人文奥运"三大理念，唱响"同一个世界，同一个梦想"，为了弘扬奥林匹克精神，增进世界各国人民的相互了解，共同创造和谐世界发挥了重要作用。

　　北京奥运会从 2008 年 8 月 8 日开幕，到 8 月 24 日闭幕共 17 天。除奥林匹克运动会官方会刊全程全方位报道奥运会外，《北京晚报》连续 17 天出版发行号外，创造了奥运会出版发行的新纪录，从这个意义上说，《北京晚报》连续 17 份号外报和

我们见证了历史，参与了历史，也创造了历史。

第一份号外报出刊时间：8月8日20时35分；

第二份号外报出刊时间：8月9日2时35分；

第三份号外报出刊时间：8月10日4时00分；

第四份号外报出刊时间：8月11日17时20分；

第五份号外报出刊时间：8月12日23时58分；

第六份号外报出刊时间：8月13日23时28分；

第七份号外报出刊时间：8月14日23时58分；

第八份好外报出刊时间：8月15日23时58分；

第九份号外报出刊时间：8月16日23时58分；

第十份号外报出刊时间：8月17日23时58分；

第十一份号外报出刊时间：8月18日23时58分；

第十二份号外报出刊时间：8月19日23时58分；

第十三份号外报出刊时间：8月20日23时58分；

第十四份号外报出刊时间：8月21日23时58分；

第十五份号外报出刊时间：8月23日0时11分；

2008年8月8日《北京晚报》号外

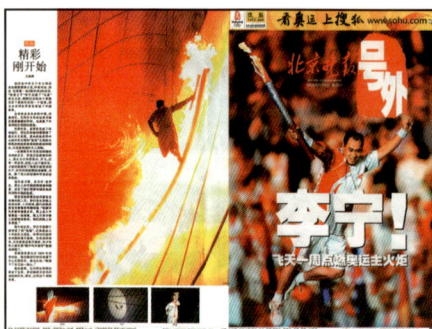

2008 年 8 月 9 日《北京晚报》号外

2008 年 8 月 10 日《北京晚报》号外

2008 年 8 月 11 日《北京晚报》号外

2008 年 8 月 13 日《北京晚报》号外

2008 年 8 月 14 日《北京晚报》号外

2008 年 8 月 15 日《北京晚报》号外

2008 年 8 月 16 日《北京晚报》号外

2008 年 8 月 17 日《北京晚报》号外

2008 年 8 月 18 日《北京晚报》号外

2008 年 8 月 19 日《北京晚报》号外

2008 年 8 月 20 日《北京晚报》号外

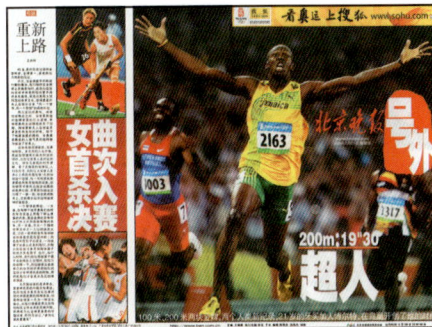
2008 年 8 月 21 日《北京晚报》号外

2008 年 8 月 22 日《北京晚报》号外

2008 年 8 月 23 日《北京晚报》号外

2008 年 8 月 24 日《北京晚报》号外

2008 年 8 月 25 日《北京晚报》号外

第 16 份号外报出刊时间：8 月 23 日 23 时 58 分；

第 17 份号外报出刊时间：8 月 24 日 22 时 18 分。

大家都知道，号外报是在两期报纸之间、报社为最新发生的重大新闻和突发事件，而在第一时间临时出版的没有编号的一种特殊性报纸新闻印刷品。"第一时间"尤为珍贵，《北京晚报》的第一份号外报出刊时间，距北京奥运会 8 月 8 日 20 时开幕只用了 35 分钟，最后一份号外报出刊时间，距 8 月 24 日 21 时 25 分鸟巢上燃烧了十六天的奥运火炬熄灭只用了 53 分钟。

《北京晚报》为北京奥运会连续 17 天刊发的号外报，将成为 2008 年北京奥运会鲜活的记录，又是一件值得珍视的收藏品，是可以折叠的"软黄金"。它作为"奥林匹克运动史的有形文化遗产"，将随着岁月的延展不断增值。连续 17 天刊发号外，在我国新闻传媒史上也是破天荒的第一次，空前的珍贵藏品地久天长。

奥林匹克，他的载体是体育，光辉是友谊。它的翅膀是挑战，精髓是参与。参与中，有种人文精神催人奋进，生生不息。《北京晚报》刊发 17 份号外报，同五环旗和祥云火炬永远留在历史的记忆中。

第二章
中国历史上的著名报刊

一、中国最早的《察世俗每月统记传》

世界上最早的杂志，是 1665 年 1 月 5 日法国戴·萨罗在巴黎创办的《学者杂志》（Journal Des Sarans）。中国最早的杂志是谁？

中国最早的杂志，是 1815 年 8 月 5 日（嘉庆二十二年七月初一）英国传教士马礼逊（Robert Morrison，1782～1834）在马来亚马六甲创办以中国人为读者对象的中文杂志《察世俗每月统记传》（Chinese Monthly Magazine）。

光阴荏苒，时间流逝。在《察世俗每月统记传》创刊一百八十多年后的 2005 年 5 月 15 日，在北京琉璃厂中国书店举办的春季报刊拍卖会上，推出一件令报刊收藏界震惊的藏品《察世俗每月统记传》的终刊号。这件藏品长 13 厘米，宽 10 厘米，厚度不足 10 页的刊物终刊号，本应曲终人散，淡出人们的记忆，本应被后浪推前浪的刊物所淹没，可是这件终刊号却受到了万人瞩目，又演绎出曲未终人未散的一幕。

据拍卖公司老总彭振尧先生透露，这件藏品来自于英国，几经周折返回故土，参拍估价为人民币 5000 元，预计拍卖成交价将在 15000 元左右，此件藏品是我国新闻报刊的顶极珍品，因为它是中国中文杂志之最，就连国家馆藏部门的人员都叹告阙如。拍卖刚一起拍，便呈现出一派你追我赶势在必得的局面，拍卖师唱价语言刚落，应拍举牌者如云，当应拍举牌到 10000 元时，人们的递价趋势并没有出现丝毫迟滞，继续向上飙升。当达到 20000 元时，全场气氛白热化，究竟花落谁家，举牌竞拍者决意雌雄，最终落槌价为 28000 元，加上佣金，最终以 31000 元竞价落入北京平谷区档案馆李润波先生囊中。李润波先生是国内个人收藏老报刊数量最多的收藏家，个人创办"世纪阅报馆"，被确定为"中国新闻史学会教学研究基地"。

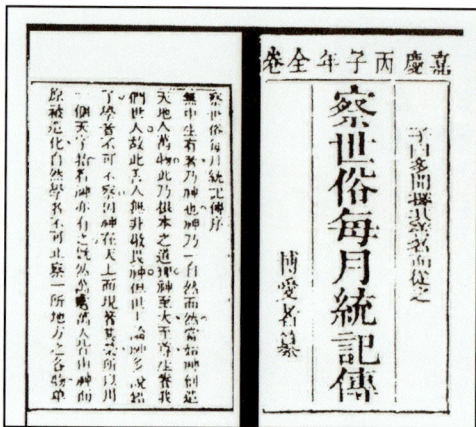

《察世俗每月统记传》

随着《察世俗每月统记传》终刊号拍卖会打开的记忆长河，去寻找其创刊号的历史刻痕。其发刊序文中写道：

"无中生有者，乃神也。神乃一，自然而然。当始神创造天地人万物，此乃根本之道理。……既然万处万人，皆由神而原被造化，自然学者不可止察一所地方之各物，单问一种人之风俗，乃需勤问及万世万处万人，方可比较辨明是非真假矣。一种人全是，抑一种人全非，未之有也。似乎一所地方，未曾有各物皆顶好的，那处地方皆至臭的，其人论理，亦是一般。这处有人好歹智愚，那处亦然。所以要进学者，不可不察万有，后辨明其是非矣。总无未察而能审明之理。所以学者要勤考察世俗人道，致可能分是非善恶也。"

这就是杂志刊名"察世俗"三个字的由来，"统记传"三个字意译为无所不记。刊物每期的封面都印有"子曰：多闻，择其善者而从之"的警句，巧妙地利用中国儒家经典中的语录来教化读者。刊物的式样也一如中国旧式的线装书亲近读者。刊物用木板雕印，采用书册形式，每月发行一次，全年合订一卷。每期七页，计十四面，每面八行，每行二十字，竖排版，并有木刻插图。最初只印 500 册，三年后增至 1000 册，最高发行量达 2000 册，阴历月初出版，免费赠阅。1821 年（道光元年）停刊，共出七卷。除在南洋华侨聚集区发行外，还通过各种途径输入中国境内。参加编辑出版工作的，除马礼逊外，还有英国人米怜、麦都恩及中国人梁发。

源自西方在中国传教布道的《察世俗每月统记传》有三个显著的特点：首先为阐发基督教教义，其次为伦理道德说教，第三是介绍科学知识。以宣传教义为宗旨编刊的过程影响了中国近代新闻事业的几种重要观念。其一，求知的观念。其序云："既然万处万人，皆由神而原被造化，自然学者不可只察一所地方之各物，单问一种人之风俗，乃需勤问及万世万处万人，方可比较辩明是非真假矣。"其二，通俗的观念。其序云："富贵之人不多，贫穷与工作者多，而得闲少，志难于道。因此察世俗之每篇必不可少也，必不可难明白。盖甚奥之书，不能有多用处，因能明甚奥理者少故也。"其三，解放民智的观念。其趣旨云："中国人民之智力，受政治之束缚，而呻吟憔悴无以自拔者，相沿迄今，两千余载。一旦欲唤起其潜伏之本能，而使之发扬蹈厉，夫岂易事？惟有抉择适当之方法，奋其全力，竭其热忱，始终不懈，庶几能挽回于万一耳。"

二、早期最具影响力的《申报》

2008年4月26日，第十八届全国图书交易博览会在郑州国际会展中心开幕。走进书博会场馆，一套堪称"巨无霸"图书映入眼帘。全套共400册，装了整整100箱的《申报》影印本摆放在入口醒目处，高2米，宽4米，几乎垒成一堵书墙，成为一道亮丽的风景线。

《申报》影印本图书由上海书店出版，一套约33万面，4万余印张，重达2吨，为本届书博会新书之最。与此同时，装帧精美的《申报索引》（1919～1949）全套30册，也一并亮相。《申报》出版时间长达77年，是近代中国出版最早、历史最悠久的报纸之一，因其丰富的文献资料价值，被誉为中国近代史的一部百科全书。要从《申报》这样一部庞大的文献中查找资料，可谓大海捞针，所以急需一部查检方便的"索引"。《申报索引》正是为与《申报》影印本配套而编纂的一部大型工具书。被列入新闻出版总署《"十一五"期间国家重点图书出版规划》的《申报索引》（30册），忠实反映了《申报》原貌，由100多位目录学、索引学专家，历经20年编纂而成。这是对《申报》停刊60年后的隆重纪念。

《申报》创刊于1872年4月30日，由英国商人安纳斯托·美查在上海创办。《申报》原称为《申江新报》，后改为《申报》，报名之"申"含义有二，一是上海简称为"申"，二是1872年为"壬申"年，"地"和"时"的巧合，构成了"申报"的报名。《申报》初为隔日刊，同年5月7日改为日报。初创时蒋芷湘为总主笔，钱昕伯、何桂笙为主笔，辟有新闻、评论、副刊与广告，确立了中国近代报刊的基本模式。1909年《申报》易主由华人席子佩收购，1912年再度易主

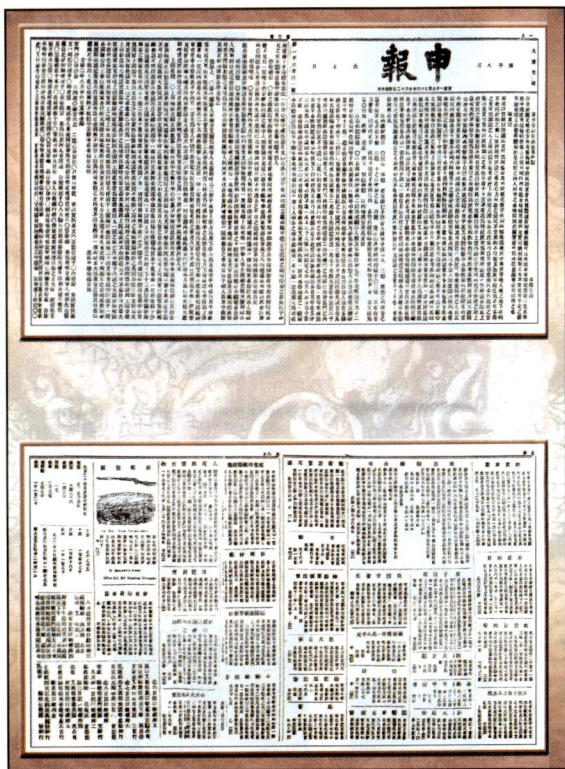

《申报》

由史量才接办，总主笔为景韩，张蕴和为主笔。1934 年史量才被蒋介石派遣特务暗杀后，1937 年一度停刊。抗战期间曾在日伪控制下出版，抗战胜利后被国民党接收，沦为国民党 CC 系报纸。直至 1949 年上海解放时停刊。这就是《申报》长达 77 年中国历史最长、影响最大的报纸的沉浮身世。

《申报》创刊之时就强调自己是"新闻纸"，"凡国家之政治，风俗之变迁，中外交涉之要务，商贾贸易之利弊，与夫一切可惊可愕可喜之事，足以新人听闻者，靡不毕载。"向社会表明办报的宗旨："自新闻纸出，凡可传之事，无不遍播于天下矣！自新闻纸出，而世之览者亦皆不出户庭而知天下矣！岂不善哉！"

《申报》在史量才时期最为蒸蒸日上，"独立之精神"、"无偏无党"、"服务社会"是史量才办报思想的核心。"国有国格，报有报格，人有人格"是史量才办报的誓言。他认为报纸是民众的喉舌，除了特别势力的压迫外，总要为人民说话，才站得住脚。史量才办《申报》22 年，始终贯穿着他对报纸独立品格的追求，并以他的办报思想和报业实践丰富、提升了中国新闻史。在他主持办报期间，《申报》的发行出现了奇迹。从 1912 年的发行 7000 份，1917 年的 20000 份，1920 年的 30000 份，1925 年的 100000 份，1932 年超过 150000 份，创造了《申报》的黄金时代。此间，黄远生、邵飘萍、戈公振、俞颂华等著名记者、编辑都先后在《申报》工作过，使《申报》名声大振。

《申报》在中国报刊史上的业绩有口皆碑，《申报》锐意革新，与时俱进，创办了许多重大的新闻形式。《申报》曾有许多第一，均被载入中国新闻发展史，诸如最早出版增刊和白话文报；最早设置战事通讯员；最早出版的"号外"报；最早使用电讯传递新闻；最早出现"画报"，等等。《申报》在中国新闻史上承载了太多的第一，然而，《申报》真正引起国人关注，震撼国人心灵的还是最早刊载关于杨乃武与小白菜的报道。

《申报》"头尾并重"的办报特点，一方面体现在抓住"评论"这个"头"上，力图"传达公正舆论，诉说民众痛苦"。面对"九一八"国难，呼吁民众猛醒奋起，报道"一·二八"淞沪抗战，要求抗日和民主，批评国民党的不抵抗政策；针对国民党对中共红军的军事"围剿"，鲜明地反对内战，等等。另一方面体现在抓住"副刊"这个"尾"上，《申报》的副刊《自由谈》，聘请鲁迅、茅盾、郁达夫、老舍、巴金、叶圣陶等有进步思想的、宣传革命的作家撰稿，使之成为最有生气、最引人注目的文艺副刊。

《申报》在中国新闻史上虽然长达 77 年，但终成历史。今天，《申报》影印本问世，向我们述说着这段历史。

三、《大公报》与"四不主义"座右铭

在中国报刊传媒史上，最著名、历史最悠久的一份报纸，非《大公报》莫属。《大公报》也是历经坎坷的一份报纸，它走过了一条极其曲折和复杂的发展之路，几次停刊又几次复刊，编辑换了一拨又一拨，社址换了一处又一处，辗转于天津、上海、汉口、桂林、重庆、北京、香港等地，阅百年沧桑得以传继的一份名报，至今还在香港出版发行，顽强地生存着。

《大公报》于 1902 年 6 月 17 日在天津由英敛之创办，时值清朝末年，中间经过辛亥革命、袁世凯称帝、军阀混战、北伐战争、抗日战争、解放战争、新中国成立、社会主义革命和建设，目睹了各个历史时期的风云变幻，记录了许多影响深远的历史事件。《大公报》序就报名释义，"忘己之为大，无私之谓公"。1941 年，美国密苏里大学新闻学院将其评为最佳外国报纸并授予荣誉奖章，这是中国新闻界首次获得这一重要国际荣誉。密苏里大学赠予《大公报》的"奖状全文"如下："在中国遭遇国内严重局势之长期中，《大公报》对于国内新闻与国际新闻之报道，始终充实而精粹，其勇敢而锋利之社评影响于国内舆论者至巨。该报自 1902 年创办以来，始终能坚守自由进步之政策；在长期办报期间，始终能坚执其积极性新闻之传统；虽曾遭遇经济上之困难，机会上之不便以及外来之威胁，仍能增其威望。该报之机器及内部人员，曾不顾重大之困难，自津迁沪抵汉以至渝、港两地，实具有异常之勇气、机智与魅力。该报能在防空洞中继续出版，在长时期中间曾停刊数日，实见有非常之精神与决心，其能不顾敌机不断之轰炸，保持其中国报纸中最受人敬重最富启迪意义及编辑最为精粹之特出地位。《大公报》自创办以来之奋斗史，已在中国新闻史上放一异彩，迄无可以颉颃者。"

《大公报》的殊荣获得与其"不党、不私、不卖、不盲"的"四不主义"办报方针是分不开的。

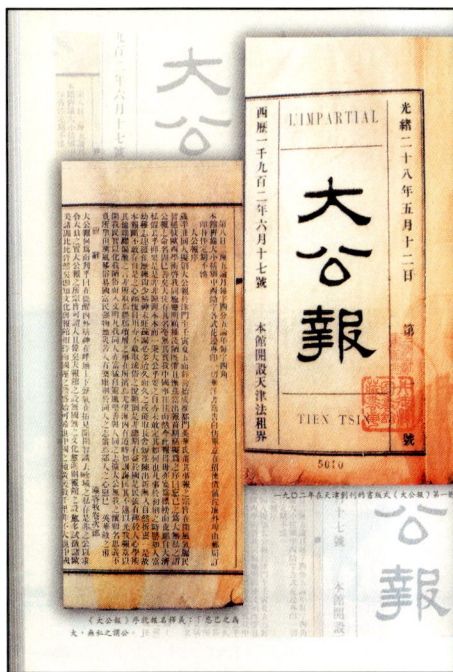

《大公报》

所谓不党，即"党非可鄙之辞。各国皆有党，亦皆有党报。不党云者，特声明本社对于中国各党阀派系，一切无连带关系已耳。唯不党非中立之意，亦非敌视党系之谓，今者土崩互解，国且不国，吾人安有立袖手之余地？而各党系皆中国之人，吾人既不党，故原则上等视各党，纯以公民之地位发表意见，此外无成见，无背景。凡其行为利于国者，吾人拥护之，其害国者，纠弹之。勉附清议之末，以彰是非之公，区区之愿，在于是矣。"

所谓不私，即"本社同人，除愿忠于报纸所固有之职务外，并无私图。易言之，对于报纸并无私用，愿向全国开放，使为公众喉舌。"

所谓不卖，即"欲言论独立，贵经济自存，故吾人声明不以言论作交易。换言之，不受一切带有政治性质之金钱补助，且不接受政治方面之入股投资是也。是以吾人之言论，或不免囿于知识及感情，而断不为金钱所左右。"

所谓不盲，即"不盲者，非自诩其明，乃自勉之词。夹随声附和是谓盲从；一知半解，是谓盲信；感情冲动，不事详求，是谓盲动；评诋激烈，昧于事实，是谓盲争。吾人诚不明，而不愿自陷于盲。"

提出"四不主义"办报方针的是张季鸾，被时人尊称"一代报人"。虽然蒋介石称他为"国士"，但张季鸾并不拿国民党和蒋介石的一文钱。1935 年，张季鸾回乡省亲，蒋介石派人送一万元作路费，他拒收；1941 年，他病重时，经济困难借住老友康心如家，蒋介石又赠一万元相助，他还是不要。他定的"四不主义"，自己是信守不渝的。越是如此，蒋介石对他越是十分敬重。有一年蒋介石大宴群僚，还请了一些外国大使及友人，时间已到，仍有一位客人未到。大家不知是位什么重要人物。忽然，蒋介石陪着一位身着布履长衫的小老头进来，并让上主宾席。蒋介石向大家介绍，这位是张季鸾先生，道德文章名满天下。席间，还不断为他夹菜劝饮，让那些大员们错愕不已。张季鸾逝后，蒋介石曾两次吊唁，三次谒墓。

毛泽东对《大公报》给予充分肯定，曾于 1945 年重庆谈判期间为《大公报》报社员工题写了"为人民服务"的题词。《大公报》敢于不听国民党政府的"戡乱剿匪"、"训令"，报上坚持直书"中共"、"共军"，不让"匪"字上版面。1944 年夏，《大公报》编辑主任孔昭恺参加中外记者团赴延安访问，毛泽东宴请记者团时，特意请孔昭恺坐首席，并举杯祝酒说："只有你们《大公报》拿我们共产党当人。"

综观世界各国，报纸和政党、政权之间，大致有两种关系，一种是从属的关系，一种是独立的关系。执政党派的报纸，充当政权的喉舌顺理成章；非党派的报纸，在强大的国家机器面前，选择独立却并非易事。

《大公报》的办报方针留给我们许多思考和启迪。

四、陈独秀创办《新青年》名扬天下

在中国共产党的历史上，陈独秀曾是毁誉相参的人物。不过他确是近代新文化运动的旗帜，被毛泽东称为"五四运动的总司令"，他确是中国共产党的创始人、马列主义一代先驱的启蒙者。陈独秀因创办《新青年》而名扬天下。

《新青年》的前身是《青年杂志》。1915年9月15日由陈独秀创办于上海，1916年3月该刊出满1卷（共6号），休刊半年。1916年9月，陈独秀将《青年杂志》更名为《新青年》恢复出版，期号连接《青年杂志》，从第二卷第一号起改为《新青年》。1917年初迁北京出版，此时应聘为北京大学文科学长。1920年9月又迁回上海，成为上海共产主义小组的机关刊物。1921年春迁广州出版，中国共产党成立后，成为党的机关刊物。断断续续地出版到1926年7月停刊。

在《新青年》创刊号上，陈独秀发表了"敬告青年"发刊词，提出科学与人权"若舟车之有两轮焉"，举起了科学和民主两面大旗。提出办刊的宗旨：改造青年之思想，辅导青年之修养。《新青年》更名时，陈独秀对来访的汪孟邹说："新青年旧青年间有绝对鸿沟。我主张新青年要身体强壮，斩尽做官发财思想，自力创造幸福，不以个人幸福损害国家社会。"

《新青年》主要的撰稿者有：李大钊、胡适、鲁迅、沈尹默、钱玄同、易白沙等。《新青年》刊载的文章，可谓是中国思想的经典，胡适的《文学改良争议》拉开了文学革命的序幕，《尝试集》是中国的第一本白话诗集，鲁迅的《随感录》杂文和白话小说《狂人日记》等。早期的《新青年》一直鲜明地高举科学和民主的旗帜，提倡新道德，反对旧道德；提倡新文学，反对旧文学；坚定地推动反对封建文化的革命不断前进，唤起国人打

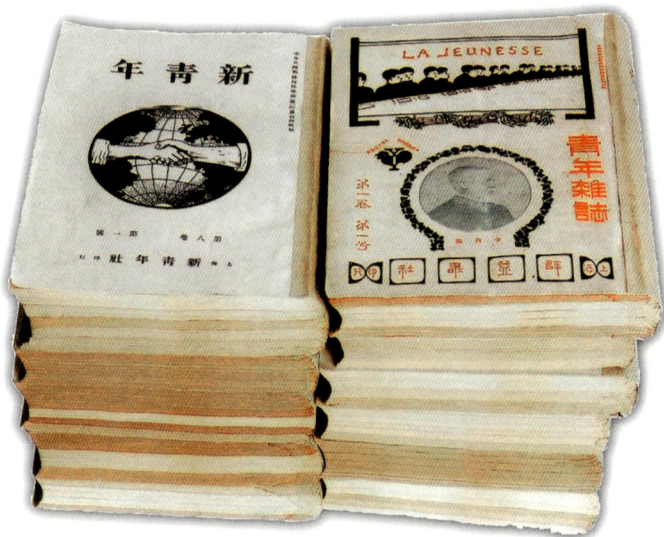

陈独秀创办的《新青年》

破封建思想的牢笼。得到许多进步人士的支持，团结了一批有影响的文化人士，对当时中国社会的思想启蒙起了十分重要的作用。后期的《新青年》受十月革命和五四运动的影响，开始注重传播马克思列宁主义。在作为中国共产党机关理论性刊物期间，对宣传马克思主义学说和从理论上论证党在建立统一战线、准备第一次国内革命战争的策略路线方面有一定功绩。

毛泽东曾向斯诺回忆，是《新青年》改变了他的人生取向，在北京时受陈独秀的影响最大。以至抗战开始，陈独秀出狱后曾说想去延安，毛泽东也怀念旧谊表示欢迎。

一代大文豪鲁迅成为中国现代文学的奠基人，他的许多作品都是在《新青年》首先发表，曾得力于陈独秀的支持和相助。

李大钊在日本读了《新青年》后，不禁满怀激情写下《青春》一文给陈独秀："春日载阳，东风解冻。远从瀛岛，反顾祖邦。肃杀郁塞之象，一变而为清和明媚之象矣……"文章结尾，李大钊纵笔放歌，发出内心的呼唤："以青春之我，创建青春之家庭，青春之国家，青春之民族，青春之人类，青春之地球，青春之宇宙。"

恽代英在给《新青年》的信中说："我们素来的生活，是在混沌的里面，自从看了《新青年》渐渐地醒悟过来，真是像在黑暗的地方见了曙光一样。"

《新青年》所倡导的民主和科学，正如18世纪法国的启蒙运动一样，所喊出的"打倒孔家店"、"打倒吃人礼教"等口号，当时无疑具有振聋发聩、石破天惊的影响，这一惊雷终于唤醒了"沉睡中的雄狮"。

《新青年》特设"国际共产专号"一期，陈独秀引用德国诗人《浮士德》的诗句：

"我将创造成整个儿的世界，
又广大，又簇新；请几万万人
终身同居住，免得横受危害，
只希望我自己的自由劳动……
我终看得见奇伟的光辉内
那自由的平民，自由的世界；
那时我才惊叹于'一瞬'，
你真佳妙！且广延，且相继！
我所留的痕迹，必定
几千百年，永久也不磨灭。"

陈独秀

1942年，陈独秀病逝于四川江津时，一位叫史述隐的哀叹道："世界仿佛早已忘记了这个人。"历史当真奇异，当年陈独秀引《浮士德》诗说：我所留的痕

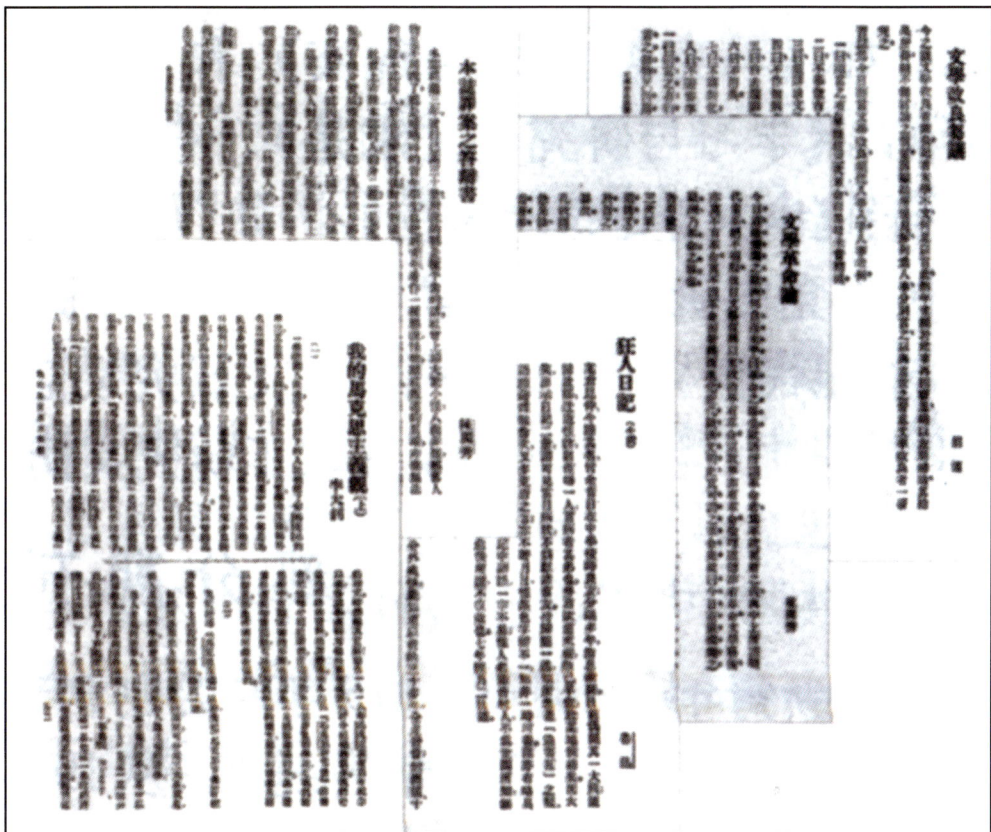

迹，必定几千百年，永久也不磨灭。果然，陈独秀其人其文其事，今天仍然让人不能忘怀。

五、传奇杂志《中国青年》

《中国青年》像前进的旗帜，战斗的号角，引导一代又一代的中国青年追求真理，为中华民族的前途和复兴而奋斗。作为中国青年运动的忠实引导者和忠实记录者，走过了自己八十多年光辉战斗的传奇历程。

1922年1月15日，初创时期的中国社会主义青年团（后更名为中国共产主义青年团），在北京创办了机关刊物《先驱》，传播马克思列宁主义。共出版了三期，从第四期开始，迁至上海由团的临时中央局主办。1922年5月，团的第一次代表大会在广州召开，正式选举成立了团中央领导机构，《先驱》从第八期起由团中央执

邓中夏（前排右一）为《中国青年》创刊号题写刊名

行委员会主办，成为团中央机关刊。《先驱》办至第二十五期，因经济原因于1923年8月25日停刊。同年10月，党中央根据工作需要和形势发展，决定由团中央正式创办《中国青年》杂志，发表团中央关于时局主张，重大事件的宣言、重要通告、宣传纲要及对青年工作的指导意见。《中国青年》就这样接过《先驱》承担的历史责任而诞生了。

1923年10月20日，《中国青年》在上海黄浦区淡水路66弄4号创刊。以后几经周折在武汉、广州、瑞金、延安、河北平山，新中国成立后在北京编辑出版。《中国青年》发刊词发出时代的呐喊："政治太黑暗了，教育太腐败了，衰老沉寂的中国像是不可救药了。但是我们常听见青年界的呼喊，常看见青年界的活动。许多人都相信中国的唯一希望，便要靠这些还勃勃有生气的青年……"

《中国青年》刚一问世，就立刻受到广大青年群众的欢迎，并在革命运动中发生重大的作用。杂志创刊时为周刊，三十二开本。时任中国社会主义青年团中央宣传部长的恽代英为第一任总编。参加编辑工作的还有邓中夏、张太雷、林育南、李求实等。创刊号上的刊名为邓中夏手迹。创刊号除"发刊词"外还有六篇文章。时任党中央总书记的陈独秀（署名：实庵）为《中国青

《中国青年》编辑部旧址

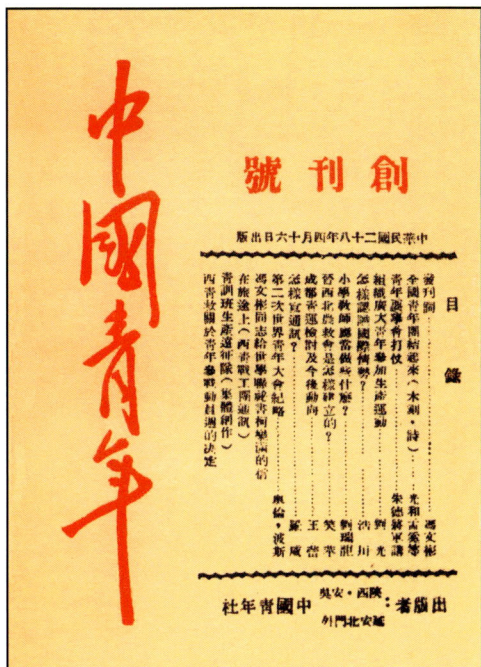
《中国青年》创刊号

年》写了题为"青年应当怎样做"的文章，号召青年"努力唤醒有战斗力的各阶级"，"做有力的各阶级间之连锁，以结成国民的联合战线。"恽代英亲自撰写了"对于有志者的三个要求"的文章，希望有志青年："一、每星期至少牺牲六小时，作有益于社会发展的事业"；"二、每星期至少牺牲六小时，作时事与社会发展理论与办法的研究"；"三、有收入的至少捐其十分之一作有益于社会发展的事。"

《中国青年》历史上经过三次更名。1927 年 11 月第一次更名为《无产青年》；1928 年 1 月第二次更名为《列宁青年》；1931 年第三次更名为《青年实话》。

《中国青年》历史上经过三次停刊。1927 年，蒋介石发动"四·一二"反革命政变，革命形势急转直下，《中国青年》第一次停刊；1941 年，战争环境的恶劣，在延安艰苦条件下因印刷关系，《中国青年》第二次停刊；1966 年，无产阶级文化大革命开始，惨遭林彪、"四人帮"摧残破坏，《中国青年》第三次停刊。

《中国青年》历史上经过三次复刊。1939 年 4 月 16 日，时隔停刊 12 年，在陕西延安《中国青年》第一次复刊；1948 年 12 月 20 日，时隔停刊 7 年，在河北平山县《中国青年》第二次复刊；1978 年 9 月 1 日，时隔停刊 12 年，在北京《中国青年》第三次复刊。

党中央和老一辈无产阶级革命家毛泽东、周恩来、刘少奇、朱德、邓小平、胡耀邦、叶剑英、聂荣臻等一直重视、关心和热

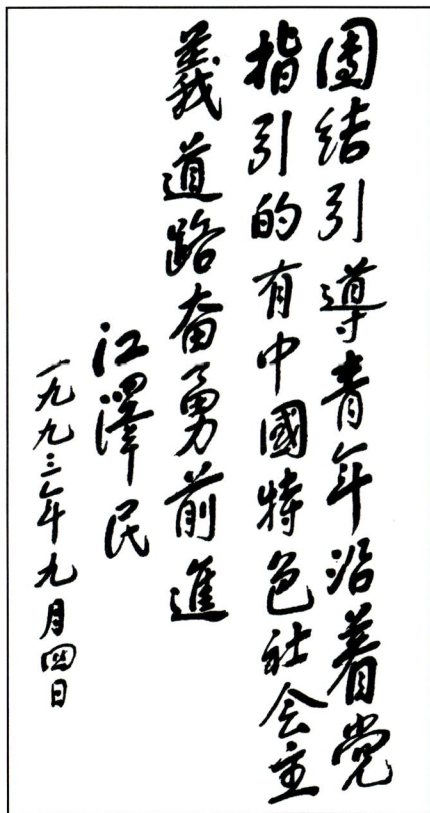
江泽民为《中国青年》创刊 70 周年题词

团结引导青年沿着党指引的有中国特色社会主义道路奋勇前进

江泽民

一九九三年九月四日

在毛泽东中南海故居卧室床头一直摆放着一本《中国青年》

心培植《中国青年》。毛泽东同志曾三次为《中国青年》题写刊名，《中国青年》以此为殊荣和骄傲。毛泽东同志的光辉著作《中国社会各阶级的分析》、《五四运动》、《青年运动的方向》等，在《中国青年》上发表。许多社会知名人士、著名作家、科学家、英雄模范人物为《中国青年》撰写过文章。萧楚女、邓中夏、张太雷、林育南、任弼时，陆定一和胡乔木等革命前辈都担任过《中国青年》的主编或指导参与编辑工作。无论是新民主主义革命时期，还是社会主义革命和建设时期，《中国青年》始终积极宣传党的方针政策，激励千百万青年追求真理，为民族解放和复兴事业英勇斗争。

这样，就有了《中国青年》上一件件令人荡气回肠的奋斗故事，一篇篇隽永有味的人生随笔，一则则原汁原味的青年生存状态写真，一个个来自于青年生活又高于青年生活的话题讨论。进入 21 世纪的《中国青年》定位为一本以人生为主题的纯青年杂志。其目标是：要在读者感到心灵干涸时给他一滴水，要在读者感到迷茫时指给他一条路。

六、中国共产党创办的第一个政治机关报——《向导》

《向导》周报于 1922 年 9 月 13 日在上海创刊，成为中国共产党创办的第一个政治机关报。先后与党的理论研究刊物《新青年》、《前锋》，以及党内机关刊物《中国共产党党报》形成一个强有力的宣传阵地。

中国共产党向来十分重视舆论宣传工作，早在党的第一次代表大会上，就把出版报刊等宣传工作写入决议之中。1922 年 8 月，中共中央在杭州西湖会议上，不少委员提出在北京创办《远东日报》，专门宣传国民革命。但这一提议被共产国际驻中国代表马林否决，他认为当时中共办日报有困难，特别是人力不足，于是提出办一份周报，作为中共中央政治机关报。马林的意见经过与会代表的广泛讨论，最终被大家接受。这就是其后在中国历史上起着重要作用的《向导》周报创刊缘起。

《向导》周报首任主编是蔡和森，1925 年中共"四大"后改由蔡和森和瞿秋白共同主编，不久后又由时任中宣部长彭述之兼任主编，日常编务由郑超麟负责。参加编辑和撰稿的主要有陈独秀、李大钊、瞿秋白、罗章龙、张国焘、赵世炎、彭述之、高君宇等。《向导》周报先后在上海、北京、广州、杭州、武汉等地编印出版发行，至 1927 年 7 月 18 日出版到第 201 期，因汪精卫叛变而被迫停刊。发行量由初期的一千多份，逐渐增加到 4 万份，最高时达到 10 万份，这个数量，在当时全国报刊中也是非常罕见的，可以说《向导》周报是大革命时期影响最大的党刊。

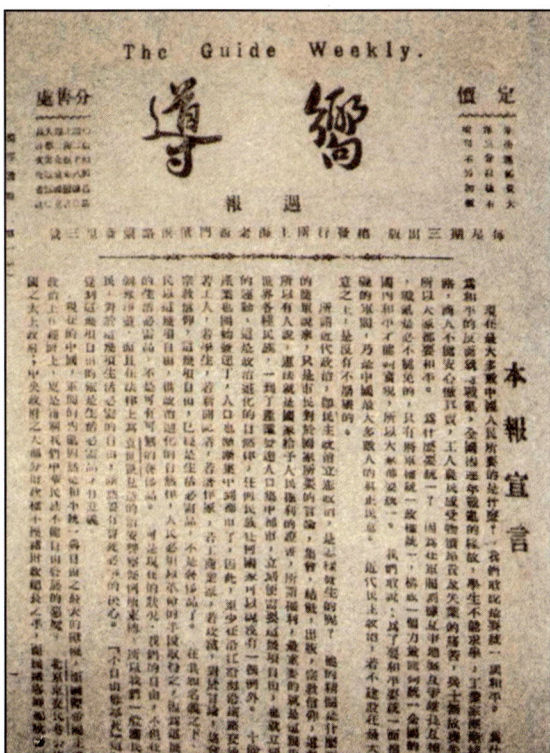
中国共产党创办的第一个政治机关报《向导》

《向导》周报，16 开本，每期 8 页，后又扩版为 12、16 页。设有"中国一周"、"世界一周"、"各地通信"、"寸铁"、"读者之声"、"外患日志"、"什么话"、"肉麻世界"等栏目。宣传党的统一战线政策，推动国共合作的实现和发展为主要目的，着重报道评论国内外政治时事，宣传中国共产党的政治主张。紧紧围绕党的"二大"提出的反帝反封建军阀的任务开展宣传，第一次在中国人民中高举反帝反封建军阀的革命旗帜，为群众斗争指明了方向，为宣传党的民主革命纲领和以国共合作为中心的统一战线策略作出了重大贡献，使党的政治纲领深入人心，起到了"向导"的作用。

《向导》周报创刊号的"本报宣言"指出："现在最大多数中国人民所要的是什么？我们敢说是统一与和平。为什么要和平？因为和平的反面是战乱，全国因连年战祸的缘故，学生不能求学，工业家渐渐减少了制造品的销路，商人不能安心做买卖，工人学生感受物价昂贵及失业的痛苦，兵士无故丧失了无数的性命，所以大家都要和平。为什么要统一？因为在军阀割据互争地盘、互争雄长、互相猜忌的现状之下，战乱是不能免的，只有将军权统一、政权统一，构成一个力量能够统一全国的中央政府，然后国内和平才能够实现，所以大家都要统一。我们敢说：为了要和平要统一而推翻为和平统一障碍的军阀，乃是中国最大多数人的真正民意。"该刊还尝试运用新闻图片进行马克思主义宣传，首先是震惊世界的"五卅案"，第115期刊登了日本帝国主义枪杀中国工人顾正红，英帝国主义枪杀"五卅"游行群众的照片。其后是对英帝国主义一手制造的"万县惨案"的报道，发表照片38幅，画面上中国人尸体横陈，惨不忍睹。这些新闻图片将帝国主义屠杀手无寸铁的无辜人民，任意蹂躏中国领土和焚毁中国人民财产的暴行暴露无遗，用形象的事实记录下敌人的罪行。《向导》周报揭露帝国主义侵华罪行，如警钟长鸣，唤起国人警醒。"打倒帝国主义"的口号逐步深入人心，成为中国人民反帝运动的舆论先导。《向导》周报在中国报刊史上第一个体现了马克思列宁主义的办报思想"报纸不仅是集体的宣传员和集体的鼓动员，而且是集体的组织者。"在其发刊不久即向读者告白："本报并不像别的报纸一样，只是发表议论。本报所发表的主张，是有数千同志依着进行的。"在大革命时期，党对时局发展的政治主张，党的理论与政策指导，就是通过《向导》周报贯彻于党员和群众之中的，对实际运动发生深远影响。

七、《人民日报》鲜为人知的诞生过程

当今世界十大报纸之一、中国第一大报、中共中央机关报《人民日报》，到2008年走过了80年的历程，是在解放战争的战火中诞生的党中央机关报，是吹响新中国曙光到来的号角，是指引中国人民从胜利走向胜利的光辉旗帜。人民日报报史研究专家钱江告诉我们《人民日报》鲜为人知的诞生过程。

1948年2月16日，在河北平山县的刘少奇致电彭真、聂荣臻、薄一波并报中央，提出了合并晋察冀和晋冀鲁豫解放区的建议。1948年2月20日，毛泽东复电刘少奇，就合并两大解放区的建议回答说："提议中（央）工委召集彭真、聂荣臻、薄一波、陈毅、邓子恢、康生、饶漱石到中工委所在地开会，讨论你两区合并的提议，及支援整个南线北线的财政、经济、军工干部、成立华北局机构，成立大党校、大军校、大党报诸问题。"这里所说的"大党报"，即指中央机关报。根据毛泽东的复电，中央工委会议由刘少奇主持于3月3日召开，与会者一致同意毛泽东的意见。作为对中央工委会议的回应，毛泽东3月7日以中共中央名义致电中央工委说："华北局成立后，大党报应如延安《解放日报》那样，是同时代表中央和华北局的报纸，由中央负责，集中新华社（范长江、廖承志两部分）、人民日报、晋察冀日报在一起，有充分条件办一个较好的报纸。"电文中提到的"人民日报"，指的是晋冀鲁豫解放区的《人民日报》。6月8日，华北中央局常委举行第四次会议，讨论了办"大党报"的问题，决定将晋冀鲁豫《人民日报》和《晋察冀日报》合并。合并后的"大党报"报名，仍叫《人民日报》为好，否定了当时曾考虑的报

中国百报千年典藏中的《人民日报》

人民日报社社址

名《华北日报》、《解放日报》。张磐石为华北《人民日报》的负责人。还决定晋察鲁豫《人民日报》和《晋察冀日报》不停刊，一直办到华北《人民日报》创刊前一天。

创办华北《人民日报》，薄一波向来到西柏坡的毛泽东提出要求，请他题写新的《人民日报》报头。毛泽东欣然答应，一连写了四行，交给薄一波转《人民日报》编辑部。毛泽东将"人民日报"四字写了4遍，写在两张大约16开大小的白土纸上，原字写得并不大。对写得比较满意的字，毛泽东本人在一旁作了圈点，当时负责《人民日报》版面设计的编辑何燕凌从经过毛泽东圈点的字中，选出"人民日报"四字，有的放大一些，有的略作缩小，拼制成自左至右的横排版头。华北《人民日报》的报头就这样确定下来，报社将毛泽东手书制成了铅版。这个报头总体设计一直使用到今天。

1948年6月中旬，《晋察冀日报》和晋冀鲁豫《人民日报》两支队伍在里庄相会，创办新的华北《人民日报》，张磐石任社长兼总编辑，王亢之、袁勃、安岗任副总编辑。里庄是位于平山县城西南约两千米处的小村庄，当时有百余户人家，距

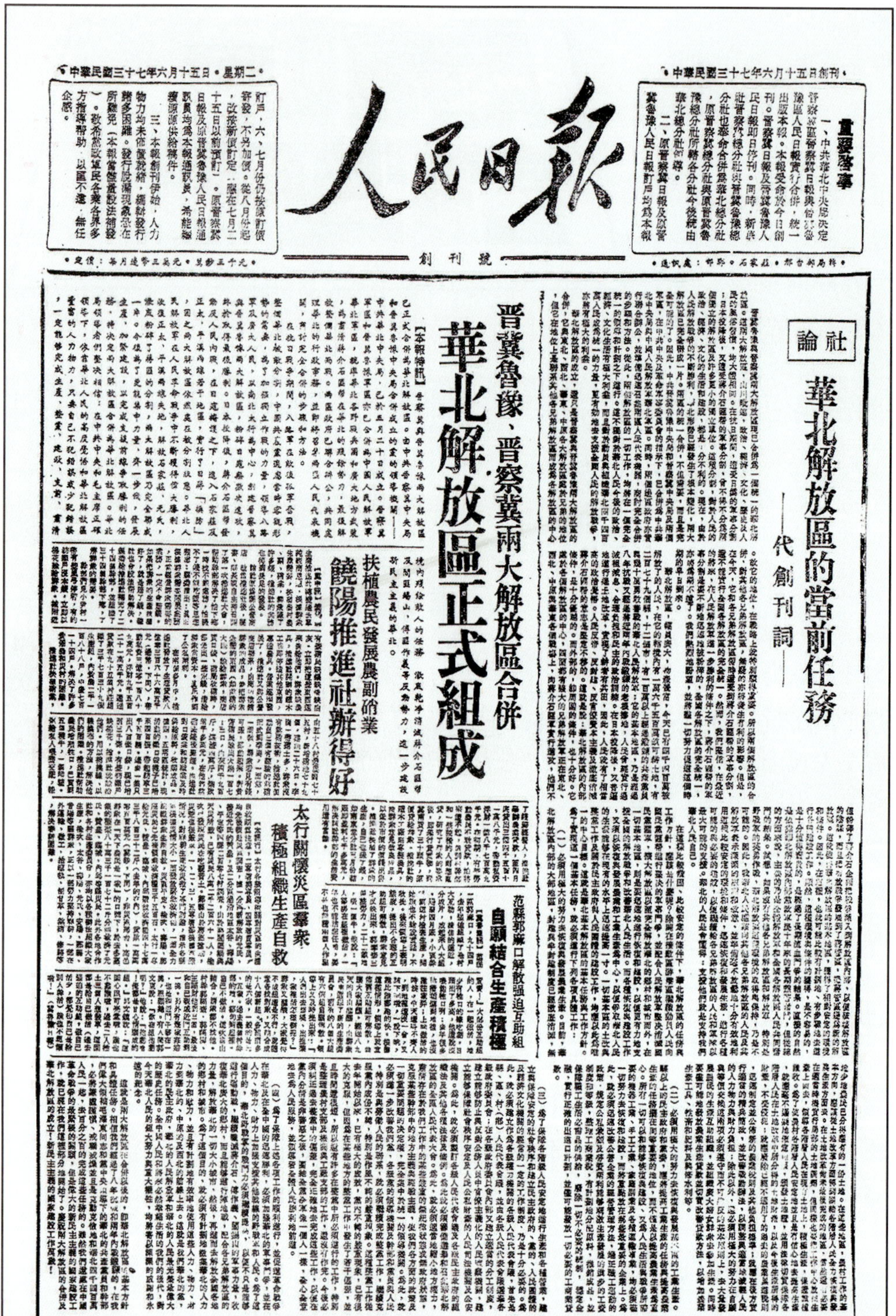
中華民國三十七年六月十五日 星期二

人民日報

創刊號

重要啓事

社論

華北解放區的當前任務

——代創刊詞——

晉冀魯豫、晉察冀兩大解放區合併

華北解放區正式組成

扶植農民發展農副業

饒陽推進社辦得好

范縣郭麻口解散强迫互助組

自願結合生產積極

太行關懷災區羣衆

積極組織生產自救

《人民日报》创刊号

毛泽东为《人民日报》题写报名

离中共中央所在地西柏坡 30 多千米，但是距当时的华北局、华北军区所在的烟堡村 2.5 千米，距华北人民政府所在地王子村仅 1.5 千米。1948 年 6 月 14 日，《晋察冀日报》发表"终刊启事"，这篇启事是经原晋察冀解放区司令员聂荣臻审定的。《晋察冀日报》自 1937 年 12 月 11 日在河北省阜平县创刊，曾经是中共晋察冀省委和中共北方分局的机关报。初名《抗敌报》，1940 年 11 月 7 日更名为《晋察冀日报》，由邓拓担任社长兼总编辑，共出版 2854 期，成为中共中央机关报《人民日报》的前身。

华北《人民日报》于 1948 年 6 月 15 日创刊。创刊号对开 2 版，第一版上方中央是毛泽东题写的"人民日报"刊头，全版为竖排字版。创刊号上发表了社论《华北解放区的当前任务——代创刊词》，还发布了华北解放区正式组成的消息。创刊号上发表了《重要启事》，宣布："中共华北局决定两报合并，统一出版本报。本报受命于今日创刊。《晋察冀日报》与晋冀鲁豫《人民日报》即日停刊"。创刊当日的《人民日报》发行约 4 万份。

《人民日报》创刊典礼大会

在党中央领导下，《人民日报》肩负起了党中央机关报的职责，成为党的喉舌。1949

《人民日报》诞生地——河北省平山县报社旧址

年3月，《人民日报》迁至北京，同年8月改为中共中央机关报，社长为胡乔木，总编辑为邓拓。1948年6月15日，被确定为《人民日报》创刊日，从那天起编排期号，一直延续到今天，共出版两万多期。

《人民日报》是20世纪影响中国最重要的媒体。

《人民日报》的历史地位永垂史册。

第三章
中国当代知名报刊

一、《读者》在凤凰涅槃中重生

　　中国期刊界权威人士，原国家新闻出版署期刊司司长、中国期刊协会会长张伯海在央视进行的一次有关《读者》杂志的电视采访中说："我见证了《读者》的创办与上升。这是一个值得深思的文化现象。它保持着自己的品位，却不曲高和寡，上百万读者倾心于它。它对世俗趣味很少逢迎，但并未因此遭受冷落，发行量始终坚挺，它在提高读者的同时也在提高自己。因为读者日益增长的需求把它推向不进则退的义无反顾的境地。正因为它具有这样的生命力，才使得它成为能够走上街头的少有的高雅的杂志。"于是，《读者》是什么？以及《读者》现象成为人们关注的一个谜。

　　《读者》原名叫《读者文摘》，创刊于1981年4月。因为与美国的老牌杂志同名，从而引发了十二年的商标纠纷，这本引发全国乃至世界传媒关注的"更名"杂志，在凤凰涅槃中重生。

　　事情还要从《读者文摘》创刊不到一年的1982年初说起，美国《读者文摘》远东公司经理部韦克菲尔德致信中国出版工作者协会副主席许力以，要求责令甘肃人民出版社停止使用《读者文摘》中文名。

《读者文摘》创刊号

《读者文摘》终刊号

《读者文摘》更名为《读者》

当时《读者文摘》编辑部同大多数国人一样，版权意识淡薄，认为韦克菲尔德的要求是无理的，甚至有些荒唐可笑，便回信拒绝了对方的要求。

1982年8月，第五届全国人民代表大会常务委员会第24次会议，通过了《中华人民共和国商标法》。这是中国历史上第一次以法律的形式确认和保护商标。这项法律的出台，并没有引起《读者文摘》编辑部更多的关注。然而远在大洋彼岸的美国《读者文摘》敏锐地捕捉到这一信息，以最快的速度为其中文版《读者文摘》的注册向中国提出了申请。商标法规定：经商标局核定注册的标示为注册商标，注册人享有专有权，受法律保护，其他人不得使用注册商标相似或相近似的商标，授予注册商标依据申请在先的原则，而不论是否首先使用以及影响如何。1982年12月30日，中国工商总局把美国的中文版《读者文摘》作为第63类使用商品（期刊、书籍）给予注册，同时发给第168794号商标注册证，有效期10年。

1989年9月，甘肃人民出版社以《读者文摘月刊》注册商标，商标注册证号为361532，有效期从1989年9月20日起到1999年9月19日止。可是我国《商标法》第5章第27条还规定，对已注册的商标有争议的，可以自此商标核准之日起一年内，向商标评审委员会申请裁定。美国《读者文摘》没有放弃继续追究此事，他们委托律师，于1990年6月20日，也就是《读者文摘月刊》注册九个月后，向《读者文摘月刊》商标提出争议。国家工商行政管理局商标评审委员会受理了此项争议，于 1991 年 3 月 6 日把商标争议裁定申请书转给《读者文摘月刊》。

1992 年，中国加入《伯尔尼保护文学和艺术作品公约》和《世界版权条约》，作为一个负责任的大国，对敏感的知识产权的保护提高到了前所未有的高度。虽然此时国家商标评审委员会尚未对争议作出最后裁决，但专家和律师明确地

《读者》主编彭长城

认为《读者文摘月刊》败诉的可能性极大，结果极可能是经裁定侵权后，被迫依法改名。

《读者文摘月刊》此时意识到问题的重要性，这次商标纠纷在某种程度上决定了刊物由一个地区小刊向一个国家大刊，继而向一个国际大型刊物发展的方向。对于《读者文摘月刊》来说，这是一个关键时刻，也是生死攸关的考验。经过痛苦的抉择，《读者文摘月刊》决定更名。

《读者文摘月刊》在三、四月号连续两期刊发更名征名启事。这则启事立即在读者中引起极大震荡。书信雪片般飞向编辑部，两个月读者来信超过 10 万封，邮局为此不得不每天专门派车送信。编辑部的几部电话也成为读者热线。同时，第 3、第 4、第 5 期的发行量持续攀升，第 5 期超过 350 万份。一本杂志因为更名，竟然刺激了发行量，这种怪异的现象在期刊发行史上是少有的。一本杂志的更名竟成为当年国内文化界的一件大事，引发各界关注，堪称首例。

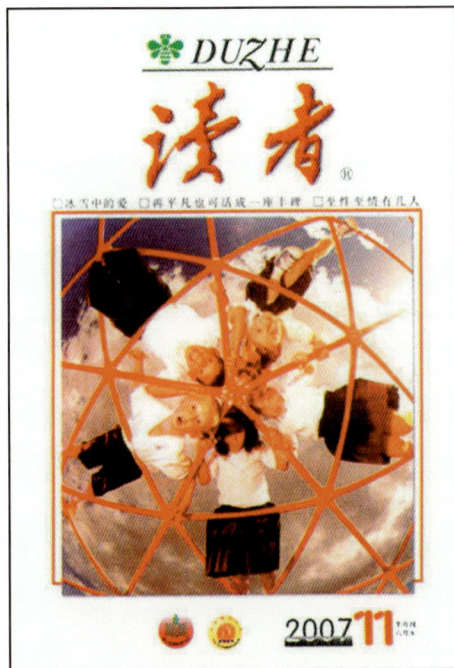

《读者》

此次征名共收到读者来信 118972 件，读者推荐的刊名共计 1352 个，在有效征名中，推荐更名为《读者》的共 504 人，1993 年第 6 期，在杂志的封底上打出了一幅宣传画，《读者文摘》更名将在下期揭

《读者》大字版

晓。1993年7月号，《读者文摘》杂志正式启用新刊名，《读者》杂志正式诞生。

纷争长达12年之久的知识产权纠纷，在新诞生的《读者》杂志"卷首语"中宣告结束：

从本期开始，《读者文摘》正式更名为《读者》。《读者文摘》的事业，在出刊143期后，将由《读者》来继续。亲爱的朋友，也许你对一个熟悉而亲切的名字一时难以割舍，但我们相信，随着时间的推移，你一定会喜欢上现在这个新名字的，因为新旧两个名字代表着同一份杂志。

《读者》仍将遵循以前的风范，去寻找一种新的未来。《读者文摘》开始进入《读者》时代。

二、报小天地大，一纸映全球

1971年，周恩来接待外宾时说："现在世界上有最好的一种报纸，就是我们的《参考消息》，它把那么多的消息有选择地登在一张报纸上，这是哪个国家也没有的。"它以全球各国为报道对象，专门选登外电、外报、外刊媒体的消息和文章，且不加评论，仁者见仁，智者见智，让读者自己去思考、去判断。《参考消息》的消息和文章如实报道、原汁原味，只反映作者的意见，并不代表报纸编辑部的观点。编辑部只是通过对新闻事实的选择，力图客观、全面地反映世界上发生的各种事件和问题。由于《参考消息》本

《参考消息》创刊于江西瑞金

身具有这些特点，因而成了一张"独一无二"的其他报纸无法替代的报纸。

《参考消息》是新华通讯社主办的一张4开8版的日报。依靠新华通讯社的信息网络资源，每天从世界各国通讯社和海外400多种报刊及互联网上采集信息，在新、广、深上下功夫，精编精选，内容丰富。以国际时事、对华反应、政治、经济为主，兼顾科技、军事、社会、文化、体育，是一张极富参考价值、与众不同的综合性报纸。《参考消息》日发行量300多万份，最高时发行量420万份，居全国

《参考消息》从世界各国报刊采编消息

日报之冠，在全国设有35个分印点、卫星传版，全国主要城市的读者都能看到当天的报纸。为了满足特殊需要，《参考消息》还出版发行大字版。除汉文版之外，还编译出版了维吾尔文、蒙古文、哈萨克文、朝鲜文的《参考消息》，使这些民族读者都有机会通过《参考消息》开阔眼界，了解世界的发展变化。

《参考消息》的历史可以追溯到中国共产党和中国工农红军在井冈山开展武装斗争时期。1931年1月6日，中国工农红军第一次反"围剿"胜利结束后不久，中央红军利用在反"围剿"战斗中缴获的一部电台，建立了中共中央的第一个电台，用以抄收国民党中央社的新闻电讯和国民党军队的内部通报，供领导机关参阅。其前身《无线电材料》，后更名《每日电讯》，1957年3月，在最高国务会议上，经毛泽东亲自倡导，周恩来直接指导下，定名为《参考消息》，改为正式报纸并扩大发行，周恩来题写《参考消息》报名。

1931年11月7日，中华苏维埃第一次全国代表大会在江西省瑞金召开，开幕那天，新华通讯社的前身，红色中华通讯社就把抄收到的国内外新闻，编印成《参考消息》40多份，送给领导同志阅读，这就是最早的《参考消息》。

1934 年 10 月 16 日，中央红军开始长征，《参考消息》随之停刊。1935 年 11 月 25 日，中央红军长征胜利到达陕北，《参考消息》即恢复出版，每天编印 400 份，供中央领导和各部门负责人阅读。

1937 年 1 月，红色中华通讯社随中共中央由志丹县迁至延安，更名新华通讯社，编印《参考消息》仍是新华通讯社的主要工作任务之一，在极其艰苦的恶劣条件下，《参考消息》坚持出版。

1947 年 3 月 18 日，国民党军队进犯陕北，毛泽东率领中央纵队在陕北转战，新华总社一部分人员紧随党中央，继续抄收国民党中央社和外国通讯社消息，及时编印《参考消息》不间断。

1948 年 4 月，新华社随党中央迁到河北省西柏坡，新华社此时已能抄收 30 多家国外通讯社、电台的消息，供《参考消息》选用，为打赢解放战争，解放全中国，贡献自己独特的作用。

1949 年 8 月，北平和平解放后，新华社迁至北平，12 月正式成立《参考消息》编辑室。《参考消息》改成 16 开 16 页日刊，发行量增加到 2000 份，供党、政、军领导阅读，由赠阅改为订阅。

1956 年 12 月 18 日中共中央发出通知，决定从 1957 年 3 月 1 日起，以 4 开

发挥参改消息特殊作用服务两个文明建设事业

江泽民

一九九七年二月二十六日

江泽民为《参考消息》提词

《参考消息》创刊号

4版的报纸形式出版《参考消息》，改版后的《参考消息》坚持原来的编辑方针，发行量由原来的2000份扩大到40万份。

1985年以后，随着改革开放形势的发展，《参考消息》取消了内部发行的限制，发行范围扩大到国内可以随意订阅，街头报刊亭也方便零售，《参考消息》走向传媒市场。

几十年来，《参考消息》形成了自己的特色，起到了特殊的作用。有些信息成为工作决策过程中的依据，有些信息成为帮助人们认识形势探索问题的线索，有些信息成为论证分析事物的资料，有些信息成为改进工作的推动力，有些信息又直接产生了经济效益……《参考消息》已经渗透到中国社会生活中的各个层面，在政治、经济、文化、军事、科技、学术等各个领域，发挥着自己的作用和影响。

三、《光明日报》打响真理标准讨论第一枪

1976年的10月，"四人帮"被抓，一声春雷，"文化大革命"的乌云从人们头上散去，中国这艘巨轮仿佛又可以扬帆前进了。然而，1977年2月7日，"两报一刊"的《人民日报》、《红旗》杂志、《解放军报》突然发表《学好文件抓住纲》的社论，提出"凡是毛主席作出的决策我们都要坚决拥护，凡是毛主席的指示，我们都始终不渝地遵循"的所谓"两个凡是"。"两个凡是"的出台，让人们一头雾水，人们在想，不是该拨乱反正了吗？不是该平反冤假错案了吗？不是该集中精力搞四个现代化了吗？难道……

当时，南京大学哲学系的一名普通教师胡福明，怀着关心国家前途命运的强烈责任感，再也坐不住了，经过一段时间的思考，胡福明终于意识到冲破"两个凡是"的束缚才是解放思想的关键。为了有力地批判"两个凡是"，从马克思主义基本观点中找到"实践是检验真理的标准"这一论点，作为基本观点。提出真理的实践标准，与"两个凡是"针锋相对，能切中要害。而且提出"实践是检验真理的标准"这个科学观点，又可以帮助干部群众运用这个科学观点分析研究"文化大革命"，推动平反冤假错案、拨乱反正，集中精

《中共十一届三中全会公报》

力搞四个现代化。1977年9月初的时候,《实践是检验真理的标准》这篇战斗檄文终于完成了。可是稿子怎么发表呢?这时胡福明想起了《光明日报》哲学组的负责人王强华,于是将稿件投到了当时《光明日报》哲学组。四个月后,胡福明仍没有得到回应,而他的心里早已忐忑不安了。他不知道接下来会出现怎样的局面,甚至做好了坐牢的心理准备。直到1978年1月19日,胡福明才收到《光明日报》寄来的一封信和一份《实践是检验真理的标准》的清样。信是王强华写的:《实践是检验真理的标准》一文,"已粗粗编了一下,主要是把原稿的第一部分压缩了,突出后两部分,但仍觉长了一些。是否请您看看可否再删一些,有些地方文字的意思有些重复,可否精炼一些。另外,这篇文章提的问题比较尖锐,分寸上请仔细掌握一下,不要使人有马列主义'过时'论之感的副作用,文章请尽快处理寄来,争取早日刊用。"之后,稿件来来往往在《光明日报》和胡福明之间被修改了好几个来回。

按报社规定,《哲学》专栏清样必须最后经总编辑审阅后才能付印。时任总编辑的杨西光说:"这篇文章本来在哲学版就要发表了,我看了以后,我认为这篇文章很重要,放在哲学版里发表太可惜了,应该作为重要文章放在第一版去发表。当然,还要修改,文章还要提高质量。"经过胡福明和《光明日报》同志八次反复修改,最后定名《实践是检验真理的唯一标准》的文章,于1978年5月11日在《光明日报》第一版,署名"本报特约评论员"公开发表了。随后《人民日报》、《解放军报》予以全文转载。文章论述了马克思列宁主义的实践第一的观点,正确地指出任何理论都要接受实践的考验。马克思主义的理论并不是一堆僵死不变的教条,它要在实践中不断增加新的内容。文章喊出反对"两个凡是",推动拨乱反正的第一声,打响了真理标准大讨论的第一枪,它的发表引起了全国范围内思想的大地震。

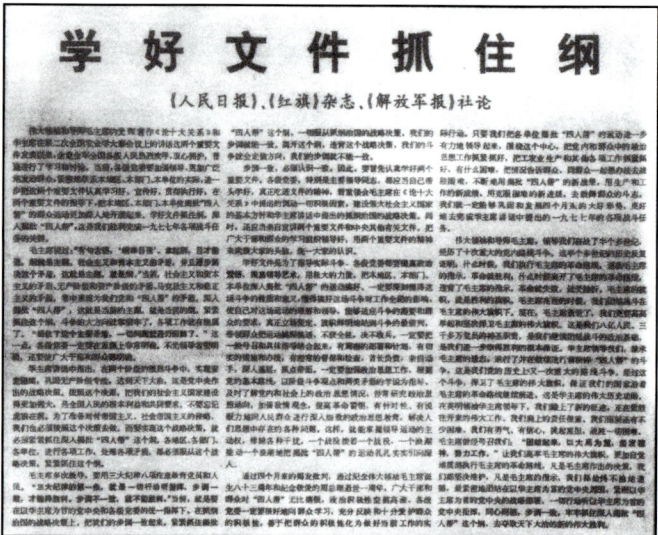

经华国锋批准社论《学好文件抓住纲》公开提出"两个凡是"的错误方针

谁也没有想到这篇7000多字的文章,犹如石破天惊,掀起了轩然大波,进而引发了一场酝酿已久、波及全国、影响深远的关于真理标准问题的大讨论。《光明日报》和胡福明承受着来自方方面面的巨大压力。就在《人民日报》

转载文章的当天晚上，正在值夜班的时任《人民日报》总编辑的胡绩伟接到时任中共毛泽东著作编辑出版委员会办公室副主任吴冷西的电话："你们怎么能发表这样的文章呢？这篇文章犯了方向性的错误。理论上是错

光明日报发表《实践是检验真理的唯一标准》

误的，政治上问题更大，很坏很坏。"中宣部部长张平化也说这篇文章是有问题的。不久，华国锋、汪东兴在会议上对文章进行严厉批评，说这篇文章是反对毛泽东思想，是"砍旗"之作。刚刚开展的真理标准大讨论有被压下去的危险。

几天之后，斗争出现了重大转机。刚刚复出不久的邓小平在接见文化部核心领导小组负责人时第一次公开提到这篇文章："文章符合马克思列宁主义，扳不倒嘛。"他在一次谈话中又说："现在发生了一个问题，连实践是检验真理的标准都成了问题，简直是莫名其妙。"真理标准问题的大讨论愈演愈烈，直到党的十一届三中全会召开，邓小平在会议上作题为"解放思想，实事求是，团结一致向前看"的重要讲话，才纠正了"文化大革命"中以及"文革"前的"左"倾错误，纠正了以阶级斗争为纲的错误思想，重新确立了解放思想、实事求是、一切从中国实际出发的思想路线，这就意味着这场"真理标准大讨论"已经取得了胜利。1988年5月，邓小平又为《光明日报》编辑的《真理标准讨论纪念文集》题词："实践是检验真理的唯一标准"。

《光明日报》打响真理标准讨论第一枪，成为中国新闻史上至今最重要、最有价值、最具影响的报道，它照亮了中国前进的方向，书写了中国新闻史上光辉的一页。

四、《深圳特区报》与一句有争议的口号

20世纪80年代初，中国改革开放的潮流还在萌动期，1981年底，一块写着"时间就是金钱，效率就是生命"的巨型标语牌第一次矗立在广东省深圳市蛇口工业区

建设中的深圳新貌

的马路边。1982年11月22日,《深圳特区报》记者原卿有的一篇报道,将这句著名的口号第一次亮相在媒体上。

报载,参加广交会的全国各省市外贸代表团应深圳市人民政府的邀请,前来特区参观访问并进行交流合作。在蛇口工业区,代表们为一幅巨型标语所吸引。北京市的一位代表大声念道:"时间就是金钱,效率就是生命;人人有事管,事事有人管。"有的人赶忙掏出钢笔把这几句话记在小本子上。大家七嘴八舌地议论:"这就是蛇口精神,也是特区建设的写照,令人耳目一新,但愿这种精神遍地开花,结出累累硕果。"

谁也不曾想到,一句口号竟然掀起轩然大波。当时国内许多人"左"的思想还很严重,由于长期的封闭和僵化,尽管1978年党的十一届三中全会的召开,中央把工作重心转移到经济建设上来,但是时间效率和价值观念还很淡薄。一些人说"这是资本主义的东西",一些人说"要搞资本主义复辟",一些人说"要钱又要命,比资本家还狠"。《深圳特区报》为"蛇口宣扬拜金主义,深圳走资本主义道路"鸣锣开道,揪出口号提出人的呼声甚嚣尘上。"时间就是金钱,效率就是生命",这句今天看起来很平常的口号,在当时却引起全国轰动,荡涤着国人的思想。

口号是谁提出来的呢?提出口号的人又面临怎样的压力呢?时任深圳蛇口工业区管理委员会主任的袁庚是口号的提出者。最初,袁庚提出

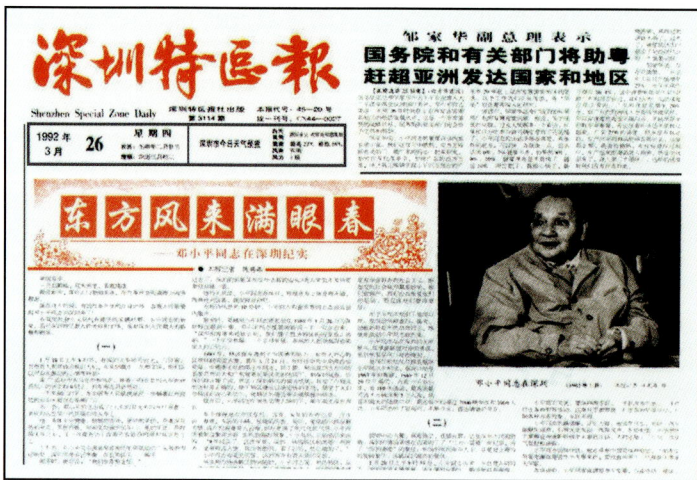
《深圳特区报》

深圳特区报业大厦

的口号有六句话："时间就是金钱，效率就是生命；顾客就是皇帝，安全就是法律；事事有人管，人人有事管。"袁庚的支持者建议，考虑到社会承受能力，不宣传"顾客就是皇帝"，袁庚表示同意。其实，袁庚面临的外部强大压力何止是一句口号。蛇口作为中国经济特区中最早设立的外向型、改革型开发区，实际上是中国改革开放的先遣队、试验田。蛇口力行改革的人都是如临深渊，如履薄冰。一次袁庚与谷牧副总理汇报工作时谈起这个口号痛苦地说："我是准备带'帽子'的，有人说是资本主义的东西。"1984 年 1 月 26 日上午，中国改革开放的总设计师邓小平，在广东省和深圳市领导人陪同下，来到蛇口。袁庚向邓小平汇报工作时最后不放心地说："……我们这里进行了一点冒险，不知道是成功还是失败。我们有个口号，'时间就是金钱，效率就是生命'……"这时，邓小平的女儿邓榕提示说："我们在进来的路上看到了。"邓小平点头道："对"。邓小平对"时间就是金钱，效率就是生命"的肯定，使袁庚喜出望外，也使《深圳特区报》松了一口气。

1984 年 2 月 24 日，邓小平返回北京不久，便召集胡耀邦等七位中央负责人开会，邓小平说："我们建立经济特区，实行开放政策，有个指导思想要明确，就是不能收，而是放。""这次我到深圳一看，给我的印象是一片兴旺发达。深圳的建设速度相当快……深圳的蛇口工业区更快，原因是给了他们一点权力，500 万美元以下的开支可以自己

改革开放的窗口
江泽民
一九九二年四月廿日

江泽民为《深圳特区报》提词

做主，他们的口号是'时间就是金钱，效率就是生命'。"自此，蛇口这块弹丸之地上创造出一系列奇迹陆续载入史册：第一个在全国搞工程招标；第一个搞职工聘任制；第一个搞住宅商品化改革；成立全国第一个股份制保险公司；创办第一个由企业创办的银行；建立了国内第一个中外合资兴建的大型深水港……"时间就是金钱，效率就是生命"这句口号，是"蛇口模式"的深刻诠释，是"深圳速度"的有力佐证。

共和国三十五周年国庆，首都北京举行了盛大的阅兵式和群众游行。深圳有两辆彩车参加了游行，蛇口工业区彩车挂着耀眼的"时间就是金钱，效率就是生命"的口号，这一口号从天安门广场迅速传遍中华大地，成为改革开放时代的第一声春雷。

如今，当年蛇口那个"时间就是金钱，效率就是生命"颇有争议的标语牌，已被收藏于中国人民革命博物馆，成为历史的见证。蛇口工业区之倡导者、创建者和领导者，是中国改革开放大潮中的一员骁将，被称为"第一个吃螃蟹"的勇士。

在纪念改革开放二十周年的时候，《瞭望》新闻周刊对"时间就是金钱，效率就是生命"这句口号的评价时说："这种冲破思想禁锢的第一声呐喊，却是在经历新旧思想观念的突破，产生了非同寻常的影响。"

"时间就是金钱，效率就是生命"是当时知识经济和信息时代的启蒙性的口号，是一个时代的音符。

五、眼睛向下情趣向上的《故事会》

《故事会》上的故事，有的令人感动、有的令人震憾、有的令人陶醉、有的令人奋进……这些故事使人们觉得真实、真情、可亲、可信、伸手可触，闭目不忘，从而引起数以万计读者心灵的共鸣，人们在一篇又一篇生动的故事中，寻觅自己的生活乐趣和精神家园。

伴随《故事会》的成长，中国大地上出现种种真实而奇特的"《故事会》现象"：

教师节里不少学生家长向老师赠送鲜花和《故事会》作为礼物；

老人临终前要求儿女将《故事会》摆在遗像前陪伴自己作为永远的寄托；

生活中发生矛盾对立的双方在《故事会》中故事的感召下化干戈为玉帛；

劳改农场服刑人员被《故事会》中的故事感动得泣不成声，决心服法重新做人；

农村文化馆里公家出钱订阅《支部生活》，老百姓自己出钱订阅《故事会》；

外国学者对《故事会》非常好奇而远涉重洋专程来中国上海探个究竟；

海外的华裔后代每月都盼望定期收到国内亲友寄去的《故事会》；

看《故事会》着了迷的偏僻农村孩子偷偷扒火车来到上海看看编《故事会》的人；

……

村村寨寨都在流传《故事会》里的故事，天涯海角都有阅读《故事会》的知音。

一本普普通通的刊物，只是传统的小 32 开本胶版纸印刷，3 个印张不足百页；装帧既不时尚，封面也不时髦。可是 40 多年来刊物走过的历程，给读者留下一联串美妙、动人的故事，给中国期刊出版史留下一座丰碑，给当代华夏民族文化现象留下一个神话。《故事会》的期发行量常年稳定在 400 万册左右，1985 年 2 月号发行量竟达 760 万多册，居国内故事类期刊发行量第一位，居世界综合性文化类期刊发行量第五位。惊人的发行量是一个谜，更是一个奇迹。

评价一个刊物，看其办刊时间的长短是不够的，但其 40 多年成功的秘诀，值得深思；看其发行量的多少也是不够的，但其居高不下的成功秘诀，更值得玩味。《故事会》人的成功秘诀，自己归结为八个字"眼睛向下，情趣向上"。我们从中看到的是理性并走向成熟的期刊品质所在，风格所在，责任所在，使命所在，灵魂所在。体现了《故事会》的一种价值取向，一种办刊哲学，一种文化操守。

作家沈国凡先生通过整整一年时间对《故事会》的采访，有幸成为通过 30 万字比较系统地解开《故事会》这个世纪之谜的第一人。

"何为眼睛向下？

那就是编辑应该看到全国不同层次的读者以及这些人群的生活与心理

《故事会》

状况，故事要反映这些人的心声，贴近最基层最广大人民群众的生活和他们的审美意识。

何为情趣向上？

那就是要精心选编鼓励人们奋发向上的作品，满足人民大众对于精神文化生活的需求，体现中华民族优秀的传统美德，积极地去发掘人性的优点，而又尽力地去克服人性的弱点。"

《故事会》创刊于 1963 年 7 月，以丛书不定期的形式出版，创刊号在上海出版。版权页上印的是上海文艺出版社出版，上海市书刊出版业营业许可证 094 号，定价为 0.26 元。创刊号第一次印刷六万册很快售缺，第二次加印到十一万五千册，仍供不应求，最后总共销售了二十多万册。1966 年 5 月，文化大革命运动席卷全国，《故事会》被迫停刊。1974 年 3 月，《故事会》复刊，更名为《革命故事会》。1978 年 1 月，原以丛书形式出版的《革命故事会》改为双月刊。1979 年 1 月，从第 40 期开始，恢复原刊名《故事会》双月刊，由著名书法家周慧珺题写刊名使用至今。1984 年，《故事会》由双月刊改为月刊。2004 年，《故事会》由月刊改为半月刊，上半月刊为"红版"，下半月刊为"绿版"。如今以天回山出土的"说书俑"为形象识别标志的《故事会》已经长成参天大树。

节奏明快、情节凝练、生动活泼、亦庄亦谐、易记易讲艺术风格的故事，载着《故事会》这条大船驶向远方。

六、《三联生活周刊》和他倡导的生活

早在 1992 年，三联书店就有意恢复 30 年代前后颇有名望、由著名新闻出版人邹韬奋主编的《生活》周刊，几经周折，在韬奋先生诞辰 100 周年的纪念活动中，于 1995 年 1 月 14 日正式出版了《三联生活周刊》创刊号。

三联书店原总经理兼总编辑董秀玉在《三联生活周刊》创刊号上写过一则"编者手记"："六十八年前韬奋先生创办并主持的《生活》周刊，与生活历史共鸣，积极反映了时代潮流和社会变迁，竭承服务于千万读者，产生了巨大的社会影响，受到了广大群众的热烈欢迎。从这个意义上讲，我们是复刊。坚持这个方向，是我们的宗旨。""今天，我们正处于世纪之交的大时代中，这是我们的幸运。如何从老百姓最最平凡的生活故事中，折照出这个时代，反映出人们普遍关注的社会新课题，提供人们崭新的生活理念和生活资讯，当是我们最需努力的关键。韬奋同志从来主

《三联生活周刊》

张，特殊时代需要提供特殊的精神食粮。这就需要创新，要前进。《三联生活周刊》的创刊，就是我们的再出发。"

邹韬奋是我国现代著名新闻记者、报刊活动家、政治家及出版家。《生活》周刊是韬奋主持时间最长、影响也最大的一个刊物。邹韬奋原名恩润，笔名韬奋，1895 年 11 月 5 日生于福建永安一个日趋破落的官宦之家。1922 年经黄炎培介绍，进入"中华职业教育社"担任编辑股主任，1926 年 10 月接任《生活》周刊主编。《生活》周刊由中华职业教育社 1925 年 10 月 11 日创刊。该刊起初是一张 4 开小报，由刚从美国学银行学回国的王志莘任主编，刊名《生活》二字由黄炎培题写。每期只印2000 份，改由韬奋主编后，每期发行量已达 8 万多份，到 1932 年每期发行量已达 15 万多份，创造了现代中国期

邹韬奋

刊发行史上的最高纪录。1932 年底韬奋加入中国民权保障同盟，并被选为执行委员。1933 年 6 月国民党特务暗杀民权保障同盟总干事杨杏佛，韬奋也被列入"黑名单"。因而，他不得不于 7 月出国流亡。《生活》周刊在 1933 年 12 月出版至第 8 卷第 50 期后，被国民党政权以所谓"言论反动，思想过激，毁谤党国"的罪名予以查封。

《三联生活周刊》实际上是韬奋当年《生活》周刊的翻版，我们可以从创刊词原文中来领略其内涵，并从中窥见到精神的传承是其办刊的底蕴。

"一本杂志和他倡导的生活。

本刊的态度是好像每星期趁读者在星期日上午的闲暇，代邀几位好友聚拢来谈谈，没有拘束，避免呆板，力求轻松主动、简练雅洁而饶有趣味，读者好像在十几分钟至二十分钟的短时间内参加一种有趣味的谈话会，大家在谈笑风生的空气中欣然愉快一番。

且做且学，且学且做，做到这里，除在前进的书报上求锁钥外，无时不惶惶然请益于师友，商讨于同志。

历史既不是重复，供应特殊时代的特殊需要的精神食粮，当然也不该重复。"

1997 年 8 月 30 日，总第 46 期，第一次尝试全面的行业报道。封面故事《中国 VCD：大国不是强国》，第一次以厚重的笔触全面报道一个行业发展中的问题，引起社会的巨大反响，由此而成为 VCD 行业进一步发展讨论的基础。

1999 年 8 月 30 日，总第 94 期，第一次推出跨国公司封面专题。封面故事《摩托罗拉的力量》，在《财富》500 强论坛于上海召开之前推出，通过对摩托罗拉在中国最成功的解读，让读者看到某些鲜为人知的力量所在。

2001 年 11 月 19 日，总第 168 期，第一次对重大腐败案做出报道。封面故事《贪官李纪周》，对原公安部副部长李纪周一案的报道是采访难度较大的一次尝试，此后对重大腐败案的深入报道成为常态，建立起这类题材报道的权威地位。

2004 年 1 月 19 日，总第 273 期，第一次以田野调查方式探访民俗生态。封面故事《2004 年春节民俗报告》，以详尽的篇幅描述了中国现存的一些著名的民间艺术的生态，分析了它们得以生存的深层原因以及它们遭遇的各种危机。

2004 年 9 月 27 日，总第 306 期，第一次在封面故事中讨论历史。封面故事《成吉思汗热》，对历史人物成吉思汗的伟大业绩以及他的帝国建立，他身后的隐秘传说等都做了富有趣味的描述和发掘。

……

《三联生活周刊》一路走来的风格日臻成熟，其显著特色是文化性与新闻性并重，力求使新闻具有历史的风格，并使文化具有当下的活力。

七、中国第一村与《中关村》

"80年代看深圳，90年代看浦东，21世纪看中关村。"这些中外人士的一致说法，把中关村的地位、作用、前景推到了时代的巅峰。2002年，美国《新闻周刊》将中关村列为世界八大新兴"文化圣地"之一。

中关村是中国最大、世界少有的科教智力资源密集区。这里有以北京大学、清华大学为代表的各级各类高等院校68所，在校大学生30万人；有以中科院为代表的各级各类科研机构213家，两院院士人数占全国院士总数的37%，每年生产辐射全国的高水平科研成果数千项；建有世界第三、亚洲最大的国家图书馆；是全国最大的软件生产基地。中关村具备了率先发展知识经济的明显的优势和具大潜力。

中关村人杰地灵，这里有三山五园，是世界知名的"旅游品牌"；有北大清华一流高校，是闪亮的"教育品牌"；有大名鼎鼎的中科院科学城，是领跑经济的"科技品牌"；有迅猛发展的高新企业，是创造财富的"制造品牌"；有近年崛起的许多地标型大厦，是城市繁荣的"建筑品牌"。这里有被誉为"中国硅谷第一人"的陈春先，具有学者风范的"学科带头人"王选，享有"儒商"企业家盛名的柳传志，称得上"IT业恒星"的王文京，都已经是家喻户晓、有口皆碑的风云人物，说起他们在中关村的故事，仍然令人震撼。

中关村毕竟是改革开放以来知识经济发展的科技园试验区，毕竟最集中地汇集了一个民族科技文化的英才，背负着一个民族的希望，中关村如早晨喷薄而出的朝阳，蒸蒸日上。

中关村素有科学城、高校城、电子城之称，堪称中国第一村。凭借中国最著名的高新科技园区和中国综合改革实验区——中关

《中关村》创刊号

村的广泛影响，得天独厚的品牌含金量，《中关村》杂志应运而生。

《中关村》杂志由北京中关村园区管委会和中共海淀区委共同创办，于2003年3月18日在北京创刊。是工业经济向知识经济转型中，以报道和推进知识经济为主要内容、满足新文化诉求的大型综合类新主流半月刊杂志。A4开本，全彩印刷，128页。卫汉青任杂志社社长兼总编辑，编委会成员有季羡林、侯仁之、吴敬琏、厉以宁、肖灼基、柳传志、段永基、余秋雨等，均为各界泰斗级人物。

《中关村》杂志倡导新时代的新理念、新经济、新科技、新文化、新生活。杂志目标读者定位：知识经济的创造者、享有者，具有学习精神和事业心的知识分子群体，受过良好教育，注重生活品味，有一定消费能力和良好的文化消费习惯，不愿落伍于科技时代的都市青年。力图办成中国知识经济的窗口和中国最佳新锐传播媒体。

题为《知识经济的窗口，成功人士的舞台》发刊词中说："《中关村》与中关村同名，《中关村》是中关村的窗口。《中关村》笃志要与广大读者一起共同营造'鼓励成功，容忍失败，崇尚创新'和'科教兴国'的文化氛围。"《中关村》杂志开设六大版块：

时政版块，报道当今中国各领域具有方向性、前瞻性人物和事件；

科技版块，报道评论一切新科技，推崇科学精神；

财经版块，知识经济的权威发言，传统经济的严肃思考；

教育版块，在世界背景下分析讨论中国教育，关注基础教育；

生活版块，展示新知识经济时代的多元生态，讲述创业者的故事；

文化版块，传承中国精英文化，阐释创业文化。

今日的中关村，已不是20世纪初"一片斜阳枯树绕暮鸦的坟场，孤寂冷漠中散落着几户看坟人家"的荒凉，而是全球新兴的八大文化圣地之一，更是"海归派"想往的"天堂"，抉择创业的"福地"。中关村品牌已经走向世界，作为中关村文化的代表《中关村》杂志，已经闯进全球的视野。

《中关村》杂志是中国北京中关村的"名片"。

八、寓道于乐与寓庄于闲的《万象》

摆在我们面前的《万象》月刊是一本杂志，由辽宁教育出版社主办，32开本，每期160页，其书卷气的装帧更像一本书。封面设计古朴精致，疏淡雅致，别具一

老《万象》

格，在众多的杂志封面秀中亦庄亦谐。内容真正做到了"包罗万象"，文如其君，像个"万花筒"，可是"杂"而不"乱"，定位始终不离形形色色的知识分子，和读书有关的杂志，和旧闻有关的杂志，和新知有关的杂志，非纯娱乐休闲的文化杂志。选文题材应有尽有，包括评介思潮、雅趣小品、掌故追忆、美文插图、琴棋书画、戏剧电影等。既有"西洋镜"，也有"老古董"。阅之有味，嚼之有趣。《万象》不是坐而论道，而是寓道于乐；不是庄严教条，而是寓庄于闲。"横看成岭侧成峰，远近高低各不同。"《万象》靠亲和力和意趣力，使读者爱不释手。

《新周刊》在年度书刊新锐榜的评选中评价："《万象》是一本杂志，一本不完全与读书有关的读书杂志，一本不偏颇具体文化形态的文化月刊。趣味各异的文字工匠们为之打造出极佳极醇的阅读口感，其书卷气又与当代现实体贴入微。它的被追捧，无异于是对无书可读的当代图书业的一大讽刺。"《万象》的成功，好奇心趋使人们探究它的前世今生。

《万象》在沈阳创刊于 1999 年 11 月，创刊初期为双月刊，2000 年改为月刊至今。主编俞晓群当时是辽宁教育出版社的社长兼主编，据俞晓群回顾当年创刊《万象》的动机，缘于对 20 世纪 40 年代曾风行一时于上海滩的老《万象》。

老《万象》创刊于 1941 年 7 月，1945 年 7 月终刊，4 年间共出版 43 期，另有号外一册。方型开本很别致，由万象书屋出版，中央书店发行。老《万象》是一本内容很杂的文学期刊，第一个阶段由陈蝶衣任主编，第二个阶段由柯灵任主编。老《万象》的体裁包括新闻通讯、小说、戏剧、杂文、游记、诗歌等。从内容上看，有人物传记、军事、地理、绘画、文艺等，老《万象》真正实现了"包罗万象"之目的。徐卓呆的《李阿毛外传》、张恨水的《胭脂泪》、胡山源的《散

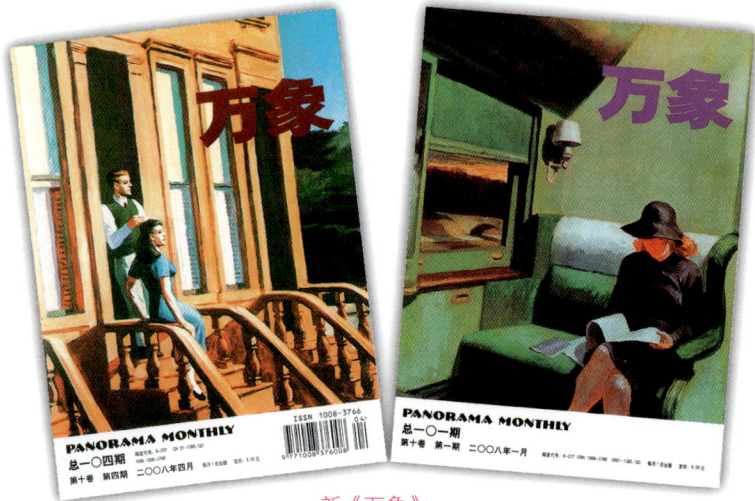

新《万象》

花寺》、董天野的《潘巧云画传》、包天笑的《我与新闻界》、潘序祖的《乳娘曲》、张爱玲的《心经》、黄裳的《锦城十日》等小说、散文、掌故小品发表于《万象》。主要撰稿人有程小青、范烟桥、包天笑、顾明道、楼适夷、傅雷、姚克、范泉、张爱玲等。

老《万象》在创刊号发刊词中阐明："我们的编辑方针……第一，我们要想使读者看到一点言之有物的东西，因此将特别侧重于对新科学知识的介绍以及有时间性的各种记述；第二，我们将竭立使内容趋向广泛化、趣味化，避免单调和沉闷，例如有价值的电影和戏剧，以及家庭间或宴会间的小规模游戏方法……此外，关于学术上的研究（问题讨论之类）与隽永有味的短篇小说，当然也是我们的主要材料之一。"老《万象》在抗日战争那个战火纷飞的年代，是上海孤岛时期受民众欢迎的刊物，坚持写"言之有物"的东西十分难能可贵。老《万象》一出版就非常抢手，创刊号在第一个月内竟再版三次，发行量最高时达 205 万册，《万象》的影响之大，在 20 世纪 40 年代是首屈一指的。

继承前贤，品牌取胜，老店新张，出于对老《万象》的喜爱和继承，新《万象》从内容到风格有一定程度的模仿，从形似到神似的冲动、飞跃，跨越了一个时代，唤醒了一代人的追思。有的读者评价："《万象》是老资格公民的休闲读物"，有的网友评价："《万象》是不迂腐的教授，不矫情的文人，不做作的女人。"新《万象》从形式到神韵都继承了老《万象》的某种遗风。形式上的开本已有了老《万象》的影子，刊物的封面设计也秉承了老《万象》一贯的典雅古朴。

新《万象》的成功，绝不是靠单纯模仿就能奏效的。因为时代在变，读者在变，竞争环境在变，但是万变不离其宗。创意、定位、内容三要素，是一本杂志成功的关键所在，创意是一本杂志的灵魂，定位是一本杂志的方向，内容是一本杂志的血肉。新《万象》真正做到了融趣味性、知识性、娱乐性为一炉，始终不偏离"寓道于乐"、"寓庄于闲"的精品路线，这样才能使一本杂志期期可读，期期耐读，循环再造，永葆魅力。

九、发现美的眼睛——《读者欣赏》

打开艺术之门，共享艺术人生。

欣赏是一种享受，欣赏使生活高尚。

视觉艺术类休闲杂志《读者欣赏》，作为《读者》杂志的第二份子刊，于2001年10月在兰州诞生。《读者欣赏》的编辑思想定位为"以图为主，以文为辅；图以传情，文以达理"。《读者欣赏》的传媒风格"力求雅畅厚实，经典与时尚共存，沉积与趋势并生，使人在轻松的阅读中领受兴味之妙境。"

许多我们生活中司空见惯的事物，换一种表现方式，换一个观察角度，也许就会产生出另一种不一样的美。大千世界中不乏科学之美、艺术之美、智慧之美……，罗丹说过："世界不是缺少美，而是缺少发现美的眼睛。"《读者欣赏》就是发现美的眼睛，帮助我们发现美，帮助我们欣赏美。其发刊词中说："我们欣赏生活，欣赏生命，欣赏人生；欣赏历险，欣赏山川，欣赏自然；欣赏古迹，欣赏收藏，欣赏历史；欣赏文学，欣赏艺术，欣赏体育；欣赏科技，欣赏发明，欣赏新知；欣赏前卫，欣赏时尚，欣赏趋势；欣赏你所爱的人或某种气质……值得我们欣赏的事物太多太多，让我们来多点欣赏吧，相信这种过程会给每一个人带来振奋和精进。"

科学是用"理性方式"创造概念世界，艺术会用"审美方式"创造形象世界，智慧则用"自然方式"创造理想世界。同一件作品，艺术家也许从中看到了线条和色彩的搭配；数学家从中发现了几何和逻辑的规律；自然学者能从中看出大自然的韵律和神奇；社会学者则认为这是人与人的另一种交流；心理学家能从中发掘作者内心深处的秘密；经济学家能从中发现有形和无形的价值……《读者欣赏》的精彩之处，就是把科学之美、艺术之美、智慧之美完美地结合在一起，展现出美的最高境界，"串带起古今中外的至美作品，营造一所精神家园，为读者引进一袭思索，记录一份心情，留下一嫣微笑，播下一因慧根。"

《读者欣赏》创刊周年时，主编胡亚权告白读者编辑部在做什么：

 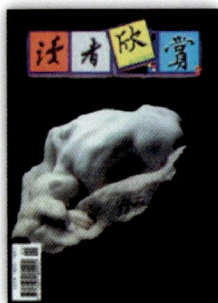  

72

  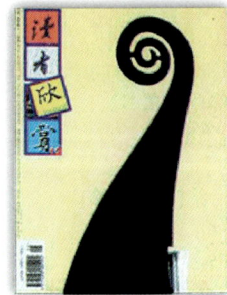 

 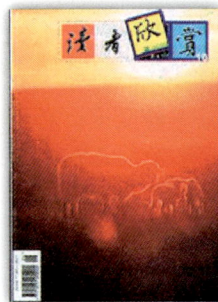  

《读者欣赏》

《读者欣赏》

"在做文化。

在追求，追求一种历史的责任和宿命；在固守，固守一种人类共同的道德和情操；在探索，探索时代的脉动和现代美的潮流。

又在做概念。

在把握，把握一种崇高的品位和水准；在涵盖，涵盖着大千世界的妙境；在亲和，亲和着忠实的读者。

还在做特色。

在梳理，梳理着编辑的思路与读者的需求；在精粹，精粹着杂志的内容和质量；在舒朗，舒朗着包装和明快的风格。"

概括起来《读者欣赏》在做文化——在文化中，在做艺术——在艺术中，在做图像——在图像中，在做视觉——在视觉中，在做时尚。从表述反推回去，这就是通过时尚、视觉、图像、艺术和文化，传播人类文明。

《读者欣赏》"素位其行"可传于世的办刊理念告诉我们：

"人其趋闹，我取其静；人其趋丑，我取其美；人其趋近，我取其远；人其趋俗，我取其雅；人其趋杂，我取其素。"

五年多来，《读者欣赏》出刊 60 期，读者已领悟办刊人的初衷了，我们从该刊广告语征集活动中，选其有代表性的广告语就可略见一斑：

《读者欣赏》真水无香 （诠释其特质）

《读者欣赏》与美同行 （诠释其宗旨）

《读者欣赏》卓越人生 （诠释其志趣）

《读者欣赏》让你心动 （诠释其效果）

《读者欣赏》美育课本 （诠释其功用）

"创造视觉盛宴，注重艺术品位，体现人文关怀，彰显时尚魅力"的办刊宗旨，让《读者欣赏》成为可传于世的杂志。

十、《抗癌之窗》发行目标百万册

21 世纪，全球的经济、文化和科技都发展到前所未有的高峰，然而就在人们享受文明和生活的今天，一个比战争和灾难更可怕的幽灵正在日益逼近，无情地吞噬着千万人的生命，给家庭和社会带来巨大的痛苦和沉重的负担，这就是 21 世纪第一杀手——癌症。

什么是癌症？

癌症的英文名为"cancer"，直译为"螃蟹"，形象地说明"癌"是一种具有无限制向外周扩散的极具侵袭性生长能力的东西。癌细胞过度增长而形成新生物，具有异常的形态、代谢和功能，它生长旺盛，常呈持续性生长，并具有从原发部位向其他部位播散转移的特点。

关于癌症的数字可谓触目惊心！

据世界卫生组织 2002 年统计资料表明，全球新发癌症病例 1090 万，死亡 670 万，现患病例 2460 万。2005 年统计癌症死亡 760 万，全球因癌症死亡的人数已占总死亡人数的 12%。我国就新癌症病例 2002 年为 220 万，死亡 160 万，现患病例 310 万。20 世纪 70 年代以来，我国的癌症发病率一直呈上升趋势，值得注意的是，在城市地区人群死亡原因的调查中，每年因患癌症而导致死亡的人数已名列首位。

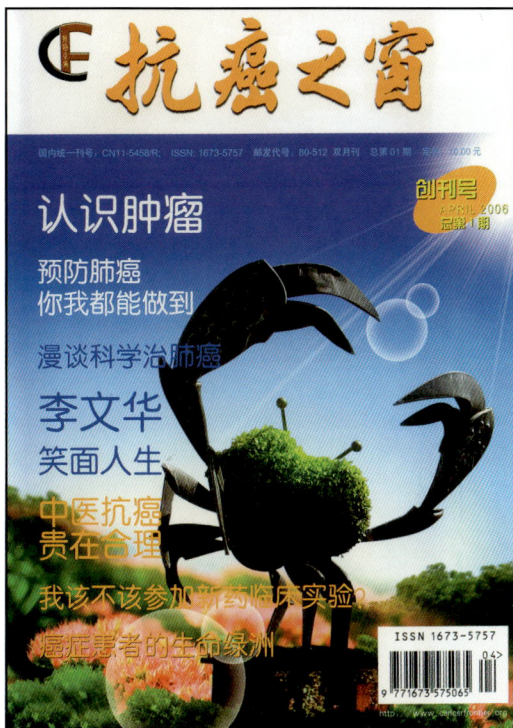

《抗癌之窗》创刊号

这些数字并非耸人听闻，足以让人"谈癌色变"，它给人们带来烦躁、恐惧、绝望、痛苦和死亡。痛心疾首之余，人们深刻体会到，要用科学武器来战胜病魔。于是，《抗癌之窗》这本科普杂志应运而生。

《抗癌之窗》发刊词中指出"党和政府十分关心人民的健康，对本刊寄予了密切的关注和莫大的期望，本刊获得了卫生部、国家新闻出版总署等的大力支持和各级领导、广大同仁的关心指导；全国人大副委员长韩启德教授亲自为本刊题名，卫生部各位领导，中国医学科学院的书记、院长，健康报社总编辑欣然应允担任本刊顾问；著名作家柯岩、梁晓声、毕淑敏积极出手相助，国内顶尖的肿瘤防治机构也竞相协助本刊的出版；著名肿瘤专家孙燕院士亲自领衔专家委员会，率领国内著名的肿瘤专家团队为本刊把关。《抗癌之窗》杂志的宗旨是为人民办一本自己的杂志，在科学性和权威性的前提下，以深入浅出的方式，通俗易懂的语言向广大读者揭示癌症之谜，普及防治癌症的科学知识，介绍战胜癌症的最新方法，解答读者关注的问题。"

《抗癌之窗》于 2006 年 4 月 15 日在北京创刊，由中国医学科学院主办，全国肿

癌症患者的"生命绿洲"

瘤防治研究办公室、中国癌症基金会、中国抗癌协会、中国医学科学院肿瘤医院肿瘤研究所等共同协办，面向全国公开发行的一本肿瘤防治科普杂志。中文版双月刊，大 16 开本，64 页，全彩色印刷。主要栏目设置有：名医面对面、专家视角、科技高速路、中医宝典、专家答疑、抗癌新药、名人访谈录、心理导航、抗癌明星、情满人间、康复园地、预防有道、癌友俱乐部等。

著名作家梁晓声认为"对于我们中国人，《抗癌之窗》是特别重要的刊物。倘若，关于一般营养学和保健常识的刊物；关于美容美发的刊物；关于养花养草养鱼的刊物；关于宠物的刊物；关于时装、汽车、房地产和股票行情的刊物；关于人际交往和理财经验的刊物……一言以蔽之，关于我们当代中国人生活质量方方面面的刊物，每期可发行 5 万册，10 万册，15 万册，20 万册的话，那么《抗癌之窗》这一册刊物，则应朝着 50 万册、100 万册的发行目标去努力。……总而言之，'抗癌'不仅仅是癌症患者的事，还应该是我们每一个拒绝癌症的人的事，'抗癌'不仅仅是患了癌症以后的事，还应该是没患癌症之前的事；不仅仅是医治和配合医治与否的事，还应该是预防和有没有，有多少预防常识的事；不仅仅是人对待癌症的态度和精神之事，还应该是人对癌症的认识水平之事。"

祝愿《抗癌之窗》科普杂志发行到千家万户，让我们一起携手，在健康抗癌的路上共同前进。

十一、世界公关百年华诞迎来《国际公关》

2004 年，是世界公共关系百年华诞之年，是现代文明社会公关世界值得记忆的一年。1904 年，美国人艾维·李设立世界上第一家新闻代理事务所，开创了公共关系业的先河，被人尊称为"公关之父"。艾维·李发表的《原则声明》是公共关系学的"第一个阐述者"。时至今日,公共关系业已经走过百年沧桑,在这100年的发展历程中,公关事业在沟通交流,改善公众关系;智慧设计、提升品牌价值;促进经济发展乃至社会和谐等方面发挥着举足轻重的作用。

1984年,美国伟达公关顾问公司率先将公共关系服务引入中国。俗话说"天有不测风云,人有旦夕祸福。"任何一个企业都有可能遭遇产品、人事、财务甚至天灾等带来的危机。而随着媒体的日益发展和信息传播的无国界化,企业所面临危机无处不在、无时不存,一个危机频发的时代正向我们走来。如何面对危机,化解危机,公共关系使命尤为重要。随着中国经济的发展,尤其是市场经济体制的建立,这一快速发展的市场吸引了包括博雅、奥美在内的众多国际公关公司纷纷进入。与此同时,蓝色光标、海天网联等一批优秀的本土公关公司也不断在市场上闪亮登场。公关咨询服务在中国已初具规模,并成为一个备受瞩目的专业服务行业。据中国国际公共关系协会2003年度行业调查显示,全国提供公关顾问服务的专业公司数量超过1500家,公关顾问人数超过15000人。整个行业的年营业收入达到33亿元人民币,并保持每年30%以上的增长速度。

进入21世纪以来,中国的公关事业朝着职业化、专业化和规范化发展,公共关系课程已走进了几乎所有高等教育和职业教育的课堂。公共关系理论研究有了较为深入的进展。中国入世、北京申奥、上海申博、抗击"非典"、国际贸易摩擦等一次次重大事件背后,都涌现出公共关系的经典案例,展示着一场场"智慧风暴"。在这样的大环境下,《国际公关》杂志应运而生。

《国际公关》杂志于2005年1月在北京创刊,由中国国际公共关系协会主办,李道豫任社长,郑砚农任总编辑。大14开本,全彩印刷,每期96页,双月刊。主要栏目设有:"特别关注"、"国际观察"、"学术研究"、"品牌透视"、"人物特写"、"案例研究"、"技术工具"、"专业指南"、"行业数据"等。

《国际公关》创刊号

"世界公共关系之父"艾维·李

《国际公关》以"传播公关理念，交流技术经验，促进市场繁荣，推动中国公关咨询业的职业化、专业化、规范化发展"为宗旨。立足专业市场，关注社会和世界热点，讲求独立、公正和百家争鸣，以新闻调研的报道方法，建立符合品牌发展和时代主流的杂志风格。《国际公关》创刊号的"发刊词"中说："二十年前，中国大地开始了20世纪最后的一次巨大变革，改革改变了人们的思想观念，开放则引进了西方现代文明的成果，中华五千年文明和社会主义市场经济的大环境提供了公共关系迅猛发展的需要和可能，公共关系像一棵茁壮的幼苗开始出现在中国改革开放的百花园中。"

公关无处不在，让我们用案例镜头回放的形式，展现公关的故事：

阜阳劣质奶粉事件被曝光后，人们对国产奶粉的信心指数急剧下跌，洋奶粉厂家，表面置身事外，一言不发，暗地却偷偷加大广告投放力度。内忧外困下，国产奶粉企业联合自救，采取一系列的公关措施，首先国产奶粉13家生产巨头齐聚合肥，召开"中国乳业危机公关峰会"，签订了《中国乳业安徽宣言》，共同倡议发表"诚信自律宣言"，通过媒体向全社会表态：做诚信企业，售诚信产品，不制假，不掺假。随后一些厂家如伊利、南山、圣元，纷纷向阜阳"劣质奶粉"受害家庭捐赠奶粉。一来显示企业的公民心，二来表明自己的奶粉值得信赖。经过一段时间的努力，挽回了人们对国产奶粉的信心。

突如其来的印度洋海啸灾难，将全世界关注的目光聚焦到亚洲，中国作为亚洲乃至世界具有举足轻重影响的国家，在第一时间做出积极反应，以负责任的大国姿态投入了人道主义救援行动，发挥了独特并具有深远影响的作用，为世界各国树立了榜样，受到了联合国和国际社会的一致赞赏。对于改善我国与周边国家的关系和我国外部环境具有非常积极的意义。对于提升国家的国际形象及其影响力做了一次有益的国际公关尝试。

从2003年4月28日联想集团切换品牌新标志"lenovo"的新闻发布会到2004

年 3 月 26 日成为国际奥委会顶级赞助商，再到 2004 年 12 月 8 日并购 IBM 全球 PC 业务的新闻发布会，都引来了众多媒体的极大关注和报道。通过一次次吸引"眼球"的公关活动，我们看到的是联想集团由本土化品牌向国际化品牌的成功转轨。联想正在一步步走向世界顶级企业的行列。

十二、停刊 70 年后复刊的《生活教育》

　　曾经对中国教育史产生过重要影响的由陶行知主办的《生活教育》杂志，在经历 70 年停刊以后，终于在新的历史时期正式复刊了。中国教育工作者从此有了一份继承并发展陶行知教育思想，综合反映当代中国生活教育现状的正式刊物，这是中国现代教育史上的一件大事。

　　1934 年 2 月 16 日，由生活教育社编辑，儿童书局印行，陶行知主编的《生活教育》杂志在上海创刊。该杂志为半月刊，每月 1 日及 16 日出版，至 1936 年 8 月止共出版了三卷 60 期。16 开本，每期 22 页，约 2 万余字（第三卷改为每期 44 页，约 4 万余字）。总计发表文章 153 万余字。杂志刊名由陶行知先生亲笔题写。1936 年 8 月 16 日《生活教育》第三卷第 12 期出版后，即与《大众生活》、《读书生活》等 20 余种进步刊物，先后遭到国民党当局的封闭，被迫停刊。《生活教育》创刊号第一篇发表的就是陶行知先生自己撰写的《生活教育》一文，也可以看做是未标明的"创刊词"。文章提出了"生活教育"的著名定义："生活教育是生活所原有的，生活所自营，生活所必须的教育。"指出"教育的根本意义是变化，生活无时不变，即生活无时不含有教育的意义"，"要想受什么教育，便须过什么生活。"这正是生活教育的理论基础。作为主编的陶行知先生，每期杂志上都有他的重要言论和文章，据统计，陶先生共发表文章 96 篇，诗歌 34 篇，书信 11 篇，发表剧本 1 篇（《少爷门前》）。

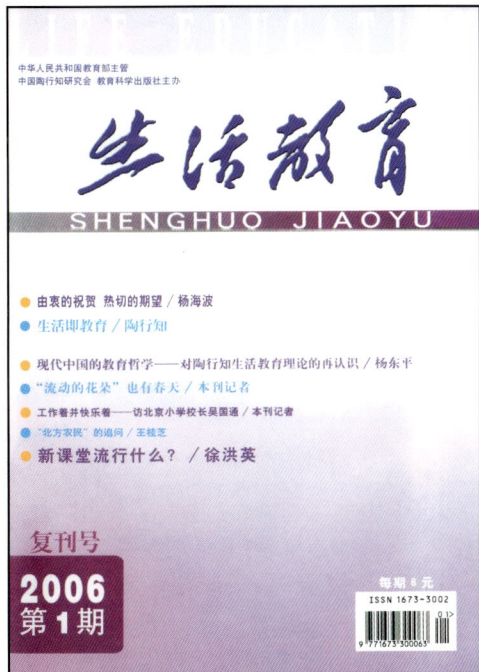

《生活教育》复刊号

刊物的栏目时有增加和变化，设有言论、特载、教学作报告、插图、笔记、通讯、半月大事、科学、生活、大众生活、小先生生活、剧本、诗歌、行知闲谈等栏目。《生活教育》显现出丰富多彩、生动活泼、短小精悍、深入浅出的特色。

陶行知先生是一位"伟大的人民教育家，""生活教育"理论的创立者。生活教育理论是由"生活即教育"、"社会即学校"、"教学做合一"三大命题组成的辩证统一的整体。同时这与他的道德修养是分不开的，他认为"道德为本，智勇为用，欲载岳岳千仞之气概，必须先具谡谡松风之德操；欲运落落雪鹤之精神，必先养皑皑冰雪之心志。德也者，使吾人身体揆于中道，智识不至偏倚者也；身体揆于正道，而后乃能行其学识，以造人我之幸福；学识不致偏倚，而后乃能指挥身体，以负天降之大任。道德不立，智勇乃乖。"1946年在延安举行的陶行知追悼会上，陆定一代表党中央致的悼词中说："陶先生从'九一八'后参加救国会起，他的立场就很明显了，在政治上他与中国共产党成为民主运动中的亲密战友，陶先生之所以如此，并不是偶然的，是从他的多年实际经验中，深切了解了中国共产党是中国民主运动的功臣，了解了中国共产党的大公无私，共产党的主张正确……陶先生他的主张、他的行动、他的作风、他的与人民的密切联系，他的刻苦耐劳、坚强不屈、视死如归，都是人民的模范。"

2006年1月《生活教育》正式复刊，"复刊号"醒目地出现在杂志的封面上，承前60期，以总第61期的面貌冠示版权页中，杂志刊名仍由陶行知先生题写。杂志由中华人民共和国教育部主管，中国陶行知研究会和教育科学出版社主办，月刊，大16开本，每期64页。刊物的栏目设有特稿、行知讲堂、行知论坛、生活自由谈、生活与德育、热点关注、课改之声、教育随笔、校长叙事、一线报告、名校巡礼、成长在线、书评、读书等。该刊是一份主要面向基础教育实践，面向工作在第一线的校长、教师，同时面向其他适宜阅读人群的高品位群众性读物。《生活教育》对于广大教育工作者来说，是发表教育科研成果的论坛，是探索教育教学规律的园地，是交流借鉴陶行知教育思想、深化教育教学改革经验的平

中国陶行知研究会的同志和孩子们在一起

台，是了解教育科研前沿动态的渠道，是接受师德、师能、师才继续教育的学校。《生活教育》复刊号第一篇发表的"复刊词"中说："问渠哪得清如许，为有源头活水来，"新的时代、新的生活、新的教育，是《生活教育》的不竭源泉。《生活教育》将保持陶先生当年的办刊风格，力求深入浅出、生动活泼，办好新时期的《生活教育》，不只是我们编辑人员的责任，我们热切地希望一切崇敬陶行知、信仰陶行知，立志继承、弘扬和发展陶行知教育思想的教育工作者和社会各界人士都来关心、呵护、支持这份杂志。"

十三、责任感使《新京报》出类拔萃

　　《新京报》对于普通的北京城老百姓而言，其意义也许不过是在《北京晚报》、《北京青年报》、《京华时报》、《北京娱乐信报》、《华夏时报》等报纸之外多了一张可供选择的都市报；对于北京的报刊市场来说，有可能引发新一轮的洗牌和白热化的竞争；对于中国报业改革的意义则是迈出了重要的一步。它是光明日报报业集团和南方日报报业集团跨地域联合办报的试验田，真可谓"新京报一小步，中国报业一大步。"

　　2003年11月8日，在新京报社成立大会上，光明日报总编辑袁志发指出，《新京报》的宗旨是：坚持正确的舆论导向，坚持新闻的党性原则，坚持按新闻规律办事，坚持贴近实际、贴近群众、贴近生活的原则，坚持把社会效益放在首位。他勉励全体员工，要把《新京报》办成一张有国际眼光和与时俱进的报纸。南方日报社社长范以锦出席成立大会并讲话，他希望《新京报》弘扬老一代报人"铁肩担道义，妙手著文章"的办报传统，依托光明、南方两大报业集团的资源优势，不断创新，做大做强。《新京报》总编辑程益中在会

《新京报》创刊号

上发表了题为《我们到底要办一张什么样的报纸》的演讲。

2003 年 11 月 11 日,《新京报》创刊号面世,4 开 80 版,定价 1 元,发行量 53 万份。主要版块:A 叠为时事新闻、体育新闻、评论,B 叠为经济新闻、通信周刊,C 叠为娱乐新闻、文化副刊,D 叠为北京杂志、房产新闻。版式和风格让人耳目一新。

题为《责任感使我们出类拔萃》的发刊词指出,"责任感总使人出类拔萃! 新京报至高无尚的责任就是忠诚看护党、国家和人民的最高利益,新京报的口号是:'负责报道一切。'新京报致力于对报道的新闻负责,一切新闻和一切责任。有责任报道一切新闻,追求新闻的终极价值和普世价值;更有责任对报道的新闻负一切责任,包括政治责任、经济责任、文化责任和社会责任。"一句口号,但又并非只是一句口号的"负责报道一切",传递给读者的不仅仅是传媒文化理念,更是《新京报》立志出类拔萃的"报刊魂"。

《新京报》与当年名重京华的《京报》遥遥呼应,使这份袭用北京古城《京报》品牌的报纸凭空增添了几分见证历史兴衰的沧桑感。

1918 年,著名报人《京报》社长邵飘萍,在京城创办《京报》,创刊词云"时局纷乱极点,乃国民毫无实力之敌耳","必从政治教育入手,树不拔之基,乃万年大计,治本之策","必使政府听命于正当民意之前,是即本报之所为作也。"邵飘萍在报馆手书"铁肩辣手"四个大字,以勉励同仁"铁肩担道义,辣手著文章"。五四运动时,《京报》置身于轰轰烈烈的反帝爱国风潮中,勇敢揭发曹汝霖等人卖国丑行,引起段祺瑞政府的极大仇恨,当局遂下令查封《京报》,并派军警包围报社。就这样,邵飘萍终以"宣传赤化"之罪于 1926 年 4 月 26 日被枪杀于北京。当时通电下野到苏联游历的冯玉祥得知邵飘萍遇难,悲痛不已,遂在日记上写道:"知邵飘萍被枪毙,至为惋惜。中国言论不自由,于斯极矣。"并称"飘萍一枝笔,抵过

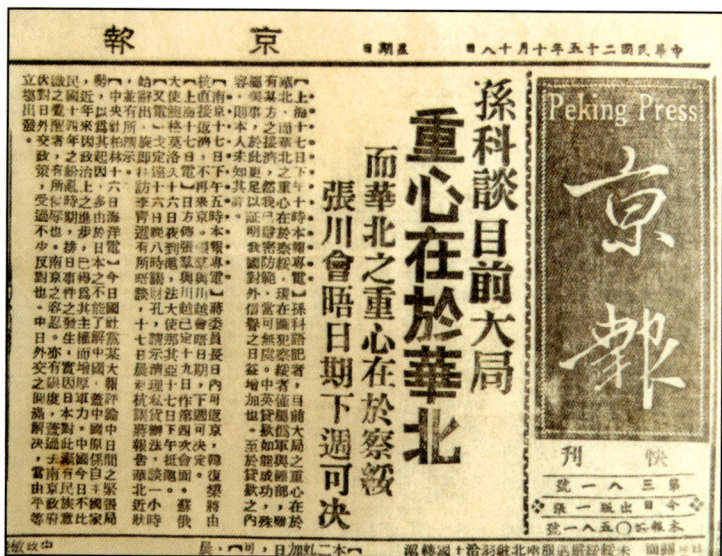

《京报》

十万军。"邵飘萍一生用报纸同黑暗势力作斗争，可谓生亦为报，死亦为报，无愧为一代铮铮铁骨，光明磊落之报人，实现曾言"余百无一嗜，唯对新闻事业乃有非常兴趣，愿终生以之"的理想。

《新京报》以都市年轻白领为主打，以"立足地方"、"现实关怀"和"当下指向"，关注民生细节，对社会事件侧重于"法治"角度的解读，将一些最为基本但又长期为人所忽略的权利意识普及到大众心里。把社会新闻与评论相结合，寻求微观事件背后的共性，把法治意识的普及蕴于日常新闻事件的报道与点评之中。

出类拔萃的报纸是什么样的报纸呢？《新京报》发刊词作了最好的诠释："没有什么力量能够留得住时间。没有什么力量能够止得住《新京报》这辆呼啸而来的列车。经过一代又一代政治家报人的努力，《新京报》必将成为新世纪新北京有责任感和影响力的报纸，一张与大国首都地位相称的报纸，一张承载中国报人光荣与梦想的报纸。"

责任感使然，责任感使《新京报》出类拔萃！

十四、《竞报》百万重奖承诺真实发行量

距 2008 年奥运开幕还有 1319 天的 2004 年 12 月 28 日，为迎接北京 2008 年奥运会而打造的一份报纸《竞报》在北京创刊了，同全国人民一同憧憬我们中国的"奥运时代"。

由北京日报、上海文广新闻传媒集团、北京青年报强强联手经营的《竞报》，带给人们最权威、最丰富、最及时的奥运会新闻。《竞报》在发刊词中写到"《竞报》把'均衡发展的生活哲学'写在了自己的旗下，是出于对'竞'的更为深沉的理解。'竞'是一种向上的态度，'竞'是一切梦想的起点，'竞'是自我超越的勇气，'竞'是永不言败的斗志。'竞'有五种境界：竞是体育中的竞技，是生活中的竞赛，是社会中的竞争，是人生中的竞合，是宇宙中的'竞自由'。在'竞'的高级阶段，已经不是单纯的较量，而是在积极有为的状态中实现均衡发展的和谐：物质与精神、激进与保守、经济与社会、财富与幸福。"20 世纪初叶，在《奥林匹克宪章》中，体育已经被上升到"均衡发展的生活哲学"这一层面上，从而彻底与人们惯常理解的运动和比赛区别开来，成为一种哲学、一种高尚的生活方式。《竞报》把"均衡发展的生活哲学"视为自己的办报理念和文化，并随同《竞报》报名每天在报头的显著位置刊出。

在 2007 年 6 月 13 日出版的《竞报》第一版的右上角，我们俗称"报眼"的地

《竞报》创刊号

方，明确标着这样一段内容——

"竞报在全国平面媒体中率先主动由国新出版物发行数据调查中心核查印刷及发行量。

经国新出版物发行数据调查中心核查，昨日本报印量为 120000 份。

今日竞报印刷量 125000 份。

人民日报社印刷厂 43627 份，新华社印刷厂 45690 份，琢雯印务公司 35683 份。

其中企业读者 9033 家，17759 份；个人读者 27824 份；中石化加油站 59452 份；家居卖场、电子城、汽配城 7650 份；展示用报 2125 份；国航 3000 份；零售 6620 份；社用 570 份。

欢迎社会各界人士监督，发现虚报印数者奖励 100 万元，监督电话 58632008—8022。"

事实上，从 2007 年 3 月 1 日起，这份报纸每天都在刊登这样的公证信息，主动接受社会监督。2007 年 3 月 29 日《中国新闻出版报》曾以《竞报要吃"跟踪核查"第一只"螃蟹"》为题，对《竞报》在全国平面媒体中率先推行"跟踪核查"予以报道，在业界引起不小的震动，有的观望，有的不理解，有的干脆说自找"罪受"。在一些媒体尤其是竞争对手仍对发行量核查顾虑、担忧甚至心存抵触的情况下，《竞报》如此透明地公布发行量，后果会怎样？

我国《广告法》第三十条明文规定：广告发布者向广告主、广告经营者提供的媒介覆盖率、收视率、发行量等资料应当真实。换言之，就是媒体作为广告发布者，必须客观、公正、透明地把媒体的收视率或发行量公布给客户和消费者。然而，现实的情况却并非完全如此。如今的中国报业市场上，不少报纸谈到发行量时都讳莫如深，或云山雾罩，或避而躲之，或干脆保密，让客户和消费者摸不清头脑，一头雾水。不要说广告主、广告商，有时甚至连报社的一些核心层人员都搞不清楚报纸的发行量到底是多少，只有最关键的几个人才知道，发行量成了报社的核心机密。与此同时，有关方面对发行量也缺少有效的监督办法，发行量真实与否更多的还是依靠报社的自律。《竞报》自承诺以来，自己也出现过一次差错。2008 年 2 月 16 日，广告中心临时给客户加了印刷量，但由于报社内部管理环节没有衔接好，导致当天报纸实际的印量比公告的印量多了几百份。凌晨 4 点，报纸刚印完，有两辆送报车已经装车送报上路，这时发行部在现场发现了这个差错，马上报告主管领导，并迅速反映到社长。社长当即决定追回已经开出去的送报车停止送报，改正印刷量后重新开机印刷，经济损失完全由报社自己承担，透明发行量真正落到实处。《竞报》用诚信赢得越来越多客户的认可，用持之以恒的承诺推动广告经营，从最初没有几家广告公司愿意合作，发展到有 30 多家广告公司愿意合作，国美、苏宁电器等也都成为报纸长期稳定的客户，报纸的经营状况大有好转。

世界上从建立到不断完善报刊等出版物发行量稽核制度，已经有近百年历史，出版物发行量稽核制度的建立和实施，为传媒业和广告业健康有序地发展提供了有力支持，已成为传媒业和广告业发展的共同需要。

《竞报》百万重奖承诺真实发行量，一石激起千重浪，让媒体找到了自信、兑现了诚信、赢得了可信。

十五、《北京2008》记录百年奥运中华圆梦

2006年3月的北京，春光格外明媚。古老而又现代的北京城，因为奥运的临近，正在发生着日新月异的变化。从奥林匹亚到万里长城，从1896年开始到2008年梦想，中国人民对在自己的家园举办一届奥运会已经期待了很久。在这生机盎然的季节里，一份记录2008年北京奥运会筹办工作进程的刊物诞生了，它就是百年奥运中华圆梦的《北京2008》带给您惊喜的杂志。

《北京2008》由第29届奥林匹克运动会组织委员会主办，中英文对照，大16开本，156页，双月刊，面向国内外公开发行，全彩色印刷，图文并茂。创刊词中说："编辑出版《北京2008》杂志，就是旨在进一步弘扬奥林匹克精神，传播'绿

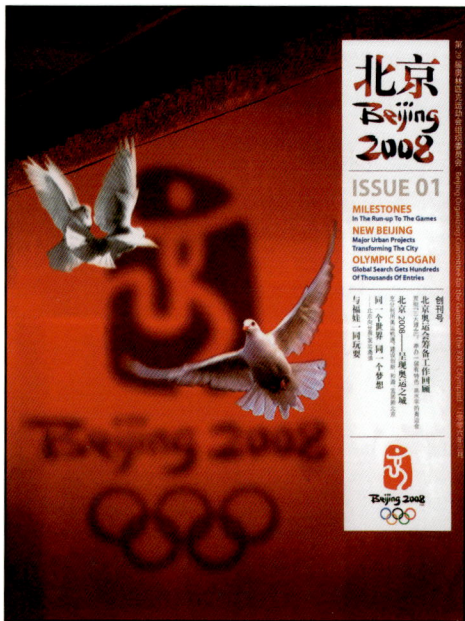

《北京2008》创刊号

色奥运、科技奥运、人文奥运'的三大理念，推广北京奥运会主题口号'同一个世界，同一个梦想'，反映北京奥运筹办工作，展示中国和北京悠久的历史、灿烂的文化和现代的生活，为所有关心和支持北京奥运会的朋友们开启一扇了解北京和中国的窗口。……在未来800多天的日子里，这一梦想将会一天天地变为现实。相信有着五千年悠久历史的华夏文明，必将为世界奉献一届'有特色、高水平'的奥运会，在占世界人口五分之一的中国举办奥运会，必将促进奥林匹克运动更加深入的发展，为中国和世界留下独特的文化遗产。"国际奥林匹克

北京 2008 年奥运会会徽发布

委员会主席雅克·罗格代表国际奥委会祝贺北京奥组委这本杂志创刊，并发表了热情洋溢的贺词，期待杂志为传播奥运理念作出贡献。北京奥组委主席刘淇也为杂志创刊发表贺词，希望这份刊物成为增强中国同国际奥林匹克大家庭之间联系的桥梁和纽带。使更多的中外朋友，了解北京，了解中国，为展示北京及中华民族风貌作出新的贡献。

《北京 2008》记录了百年奥运中华圆梦的一个个历程，见证了北京筹办奥运过程的一件件工作：

2000 年 2 月 1 日，北京 2008 年申奥口号确定为"新北京、新奥运"，表达了日新月异的北京和 13 亿中国人民渴望举办一届奥运会的美好心愿。

2001 年 7 月 13 日，北京 2008 年申奥成功，举国上下一片欢腾，百年奥运，中华圆梦，中国政府和人民向全世界作出承诺，举办一届"有特色、高水平"的奥运会。

2001 年 12 月 13 日，北京奥组委正式成立，党中央、国务院对筹办工作落实科学发展观，提出贯彻"绿色奥运、科技奥运、人文奥运"三大理念的要求。

2004 年 7 月 15 日，北京 2008 年残奥会会徽"天·地·人"在北京世纪坛隆重发布，北京奥组委向全世界承诺，实现两个奥运会同样精彩。

2005 年 6 月 5 日，北京 2008 奥运会志愿者行动计划在北京正式启动，更多的奥运会志愿者为实现奥林匹克精神参与其中。

2005 年 6 月 26 日，北京 2008 年奥运会隆重推出主题口号"同一个世界，同一个梦想"，充分表达了中国人民热爱奥林匹克运动，愿与世界共同进步的良好愿望。

北京 2008 年奥运会吉祥物发布

《京华时报》报道北京奥运会赛事

2005 年 8 月 3 日，北京 2008 年奥运会会徽"中国印——舞动的北京"在北京天坛祈年殿隆重发布，使人们深刻地感受到中华民族文化的韵味。

2005 年 11 月 11 日，北京 2008 年奥运会吉祥物"福娃"，在北京奥运会开幕式进入倒进时 1000 天之际

正式发布，形成了十分热烈的奥运气氛。

......

　　阅读《北京 2008》，感悟"绿色奥运，科技奥运，人文奥运"三大理念，诠释举办一届"有特色、高水平"奥运会的过程。有特色，主要体现在四个方面，即："中国风格、人文风采、时代风貌、大众参与"，融入浓厚的中国韵味，展示悠久灿烂的历史文化，表达中国人民对奥林匹克运动和世界人民的友好之情，把北京奥运会办成多元化精彩纷呈的人类文化庆典，集中体现和平与发展的时代主题。高水平，主要体现在八个方面，即：高水平的场馆建设和竞赛组织，高水平的开幕式及文化活动，高水平的媒体服务和良好的舆论评价，高水平的安保工作，高水平的志愿者队伍和服务，高水平的交通组织和生活服务，高水平的城市文明形象，高水平的体育运动成绩。

　　2008 年，奥运会首次在东方文明发源地之一的中国北京举行，这是奥林匹克运动从东方文明中吸取养分来不断丰富自己，促使自身文化多元化，推动东西方文化交融的一次难得机会。《北京 2008》创刊号承载着这样的历史使命，陪伴着我们走完 2008 年北京奥运会的每一天。

第四章
报 刊 轶 事

一、报刊轶文趣事与笑话传说

萍水相逢百日间

20 世纪 20 年代，北京有"萍水相逢百日间"之语，以表示对两位报人的悼念以及对军阀的愤慨。"萍"指《京报》的邵飘萍，"水"指《社会日报》的林白水。邵飘萍因抨击"三一八"惨案，被奉系军阀于 1926 年 4 月 26 日，在北京天桥刑场处决。邵飘萍以身殉报，林白水义愤填膺，撰联凭吊："世事真堪奇，只要有权谁讲理！何者为赤化？欲加之罪岂无词。"然而正是这一仗义执言，却为他招来杀身之祸。1926 年 8 月 6 日，林白水被奉系军阀以宣传"赤化"罪名，杀害于北京天桥刑场。而此时距邵飘萍被害也只百日有余，萍水相逢却在另一个世界。

国民党为共产党作广告

解放战争时期，国民党与共产党最后的较量不仅体现在战场上，也体现在舆论宣传战线上，共产党将"共产主义的幽灵"播种在国民党党报《中央日报》舆论工具上，堪称政治智慧的典

林白水

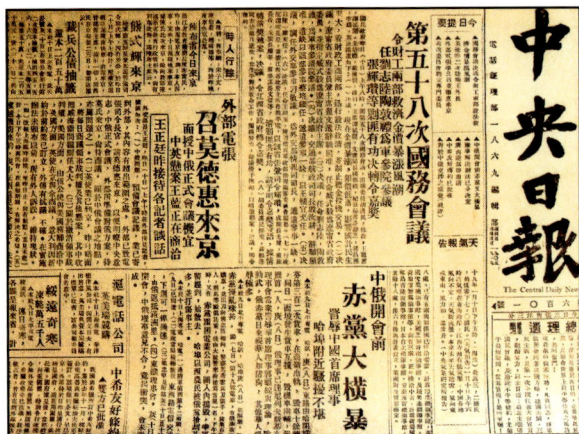
《中央日报》

范。1947 年 2 月 20 日，《中央日报》第一版上栏左侧紧邻报名，赫然刊登卡尔·马克思原著《资本论》再版发行广告，广告词称《资本论》"是政治经济学不朽的宝典"、"是人类思想的光辉结晶"。蒋介石大为震怒，惊慌下令收回当日全部《中央日报》，彻底追查原委。国民党中央党部秘书长吴铁城，宣传部长彭学佩及《中央日报》社长马星野为此狼狈不堪。

爱因斯坦与爱迪生的"名誉权"

一家都市报在其副刊刊登了一篇教导人们学习科学家永不放弃的精神的文章。文章写到"爱因斯坦为了发明电灯泡做了 963 次试验都失败了，但是他在第 964 次试验中终于成功了。"有一位读者打电话问编辑部，爱因斯坦在发明电灯泡，那么爱迪生干什么去了？另一位读者向编辑部控告爱因斯坦抢了爱迪生的发明"名誉权"。更有好事的读者提醒编辑部，爱迪生要有知识产权意识，为什么不申请发明专利权保护。一时间闹得沸沸扬扬，编辑部不知如何是好，爱因斯坦与爱迪生这场"名誉权"官司也不知打到什么时候。天生爱迪生，何生爱因斯坦来找麻烦？

钱币之最

一家金融时报刊发新闻消息，"即将发行流通新版 100 元人民币长 155m、宽 77m"。读者惊讶不已，纷纷打电话询问。有的读者十分发愁，这么大的钱怎么装到钱包里，数一次钱要费多大劲儿；有的读者提出质疑，国家发行新币为什么不计算成本，浪费资源大手大脚实在不应该；有的读者精心计算，拿着新币一百元，能买回那么大一张印钞纸也很划算；有的读者大胆想象，新人民币的材质高科技性能好，做成西装多有创意。第二天，该报发出更正，由于本报录入失职，误将"mm"录入为"m"特此致歉。一毫米与一米相差一千倍，真是"差之毫厘，谬之千里"。

古人响铃快马送报

中国是世界上最早有报纸的国家。在唐朝开元年间，在长安有了木板雕印的《邸报》的一种《开元杂报》，大多数研究者将其定为已知的最早一份纸质的官办报纸。投递这种报纸的机构，当时叫邮驿，投递人员为唐朝兵部军卒，腰束革带，带上悬铃，骑着快马邮传，听到铃声，行人都远避路旁让道。《邸报》是封建宫廷用以发布皇上的谕旨、臣僚的奏议等官方的文书与政治消息的报纸。到明朝报纸的发行量增大，但仍由兵部负责投送。至到清朝成立邮传部，开展包括投递报刊在内的邮政业，才脱离兵部转为民用。送报铃响马帮来已经是遥远的事情了。

赔偿金 25 年雷打不动

2004 年 1 月 11 日《华商报》第一版《火车撞死人只赔 300 元》一文，揭露出 2004 年 1 月 8 日西安纺织城卫某被火车撞死后，铁路部门依据 1979 年制定的《火车与其他车辆碰撞和铁路路外人员伤亡事故处理暂行规定》，只对死者赔偿人民币 300 元。该报同时摘录了 25 年未动一字的《暂行规定》中的几项，如"铁路沿线的农村社队、厂矿等要与铁路部门密切配合"、"五人以上的伤亡事故要逐级报告省市革命委员会"、"事故伤者住院吃饭所需粮票必须由本人交纳，确无粮票来源者由当地粮食部门给予解决。"《暂行规定》这一暂行就是 25 年，撞死人只赔 300 元人民币雷打不动是否合理，引起人们的关注。

二、毛泽东为学习雷锋题词经过

雷锋，是一个为世人熟知的名字，时至今日，雷锋仍然是人们学习的榜样。雷锋，是"好人"的象征；学雷锋，是"做好事"的代名词。"学习雷锋好榜样"的歌声被广大人民群众真情地传唱；贺敬之的诗《雷锋之歌》谱写的雷锋精神被广大人民群众真实地传承；雷锋的日记"人的生命是有限的，而为人民服务是无限的，我要把有限的生命，投入到无限的为人民服务中去……"被大广人民群众真心地传颂。

每年的 3 月 5 日，全国人民都要走向社会，去"学雷锋"。2000 年的 3 月 5 日更是被定为"青年志愿者服务日"。这一切都是因为 3 月 5 日被定为毛泽东题词"向雷锋同志学习"的纪念日。然而，很少有人知道，毛泽东的这一题词并非是在 3 月 5 日，而是在 2 月 22 日。毛泽东的题词经过怎样？为什么 3 月 5 日成了"向雷锋同志学习"题词的纪念日呢？其中的故事还得从《中国青年》杂志编辑出版的一期"学习雷锋"专辑说起……

1963 年 1 月 8 日，《辽宁日报》发表由陈广生、波阳合写的长篇通讯《永生的战士》，并选登了一些雷锋日记和文章，《中国青年报》等报刊予以转载。2月7日《人民日报》在一版刊登了辽宁省广大青年热烈学习雷锋事迹的消息，并在二版刊登了介绍雷锋生平事迹的长篇通讯《毛主席的好战士——雷锋》，并配发了评论员文章《伟大的普通一兵》，在第五版刊登了雷锋日记摘抄和一组照片。此后，《解放军报》发表陈广生采写的通讯《伟大的战士》以及《像雷锋那样做个毛主席的好战士》、《毫不利己专门利人——再论像雷锋那样做个毛主席的好战士》、《以雷锋为榜样》等多篇社论。从此，学习雷锋的活动在全国范围内迅速开展起来。

当时《中国青年》编辑部同样被雷锋的精神所感染，并认为雷锋这样突出的一个人物，即使其他媒体已经宣传过，仍然有必要将雷锋更全面、更完整、更大范围内介绍给读者。经过反复思考和讨论，最后决定，编辑出版一期"学习雷锋"专辑，为了使这本专辑够分量，将5、6期合刊，出48页（平常每期只24页）。这时，时任《中国青年》思想教育组副组长的王江云提出，毛泽东为刘胡兰"生的伟大，死的光荣"题词，使刘胡兰的事迹广为人知并激励了亿万青年，现在要是毛泽东能为雷锋题词，那影响将非同一般。于是，时任《中国青年》思想教育组组长的黎勤起草给毛泽东写封信请求题词。信的内容不多，大约三四百字，找毛笔字写得好的编辑丁有和，用中国老式的竖行信纸抄写，总共也不过两页。这封信的信封也是丁

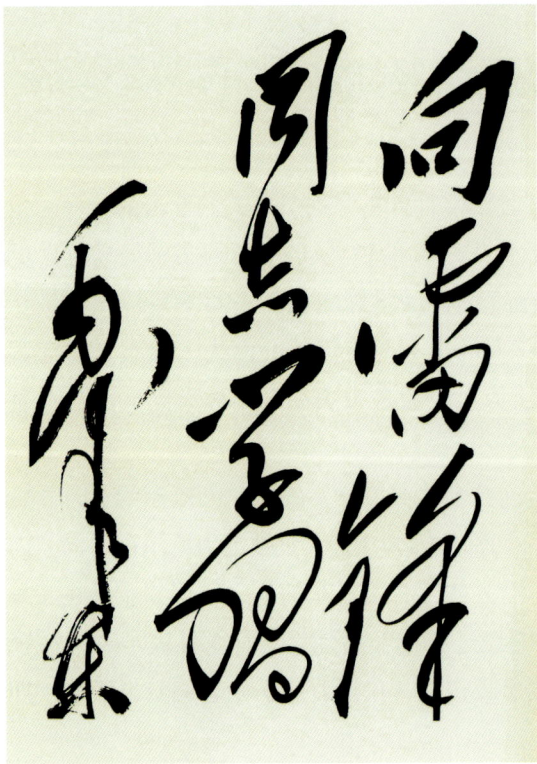

毛泽东题词"向雷锋同志学习"

有和写的，只写了这样几个字：中南海，呈毛主席。发出这封信的时间大约是1963年2月16日或17日。

据毛泽东的秘书林克的回忆，当时毛主席收到《中国青年》杂志来信后，让他先拟几个题词供参考。林克拟的题词有十来个，大致内容有"学习雷锋同志鲜明的阶级立场"、"学习雷锋同志大公无私的共产主义风格"、"学习雷锋同志艰苦朴素的作风"、"学习雷锋同志毫不利己专门利人的优良品德"，等等。2月22日，毛主席没有用秘书拟的题词，最后用信纸写了"向雷锋同志学习"七个潇洒苍劲的行草毛笔字。事后毛主席对秘书林克说："学雷锋不是学他哪一两件先

进事迹，也不是学他的某一方面优点，而是要学他的好思想、好作风、好品德；学习他长期一贯地做好事，而不做坏事；学习他一切从人民利益出发，全心全意为人民服务的精神。"《中国青年》杂志在接到题词写好了的通知后，立即派刘全聚骑摩托车直奔中南海。毛泽东的题词被制作成插页，刊登在 1963 年 3 月 2 日出版的《中国青年》"学习雷锋"专辑上。

毛泽东应《中国青年》杂志之邀为雷锋题词的消息很快传到了新闻界和有关媒体方面，各报刊纷纷要求刊登这一题词手迹。为了使毛泽东的题词和其他中央领导的题词集中发表，起到更好的宣传效果，中央书记处专门开会研究，决定于 3 月 5 日由新华社向全国发通稿，首都各报同时发表。就这样，几年以后，1963 年 3 月 5 日被当成了毛泽东"向雷锋同志学习"题词的纪念日。

《中国青年》"学习雷锋"专辑出版发行后，广大青年争相购买，市场马上脱销，一时间真可谓"洛阳纸贵"。专辑在全国五个代印点几经重印，累计印数达到 800 多万册，仍不能满足读者的需要。有些读者买不到，就互相传阅，或到图书馆借阅。后来杂志社还收到一位读者来信，说他四处奔走仍买不到，只好借了一本，自己一个字一个字地抄写了一本，把一本16 开、48 页、约 10 万字的《中国青年》手抄了一遍，此事真可谓是"空前绝后"。手抄本《中国青年》后来在《中国青年》创刊 40 周年纪念展览会展出，引起周恩来总理的极大关注。

毛泽东"向雷锋同志学习"的号召深入人心，雷锋的精神教育和影响了一代又一代人。

《中国青年》

雷锋

三、报刊媒体要有咬文嚼字的功夫

汉语，是我们国家的母语；黄河，是我们国家的母亲河。《语文报》创始人陶本一等专家大声疾呼，"全社会要像保卫黄河一样，保卫汉语！"

捍卫祖国语言的纯洁，是报刊媒体的责任；规范地使用汉语，是报刊媒体立本的首要任务。报刊媒体要有咬文嚼字的功夫。

《中国新闻出版报》正确使用语言方面，在全国诸多报刊中作出表率。

2008年2月2日，《中国新闻出版报》第二版《有错必纠》：

> 1月24日，03版《新闻单位发放加班费注意事项》文末括注中，"版块"应为"板块"。08版《淬炼品牌之"创"》首段末行中，"长抓不懈"应为"常抓不懈"。末段"创新无止尽"中"止尽"宜为"止境"。
>
> 本报谨就以上错误和疏漏向读者致歉，并向指出错误的热心读者表示衷心感谢。挑错电话：(010) 87320018转8445。电子信箱：zgxwcbb@163.com

2008年2月27日，《中国新闻出版报》第二版《来信》：

"获刑"一词不宜使用

> 据2月25日《新京报》，2月24日上午，在纷纷大雪中山西省临汾市举行洪洞"12·5"矿难公判大会，致105人死亡矿难案3名主犯被判无期徒刑。然而另有一些媒体，在报道这一判决时，在标题上使用的是"获刑"一词，令人困惑。
>
> 因为"获"字在现代汉语中多含褒义，泛指得到，如获得荣誉、获胜、收获等，即使在使用"获释"一词时，也是表示被监禁者因为努力而得到了自由。值得注意的是，目前一些媒体在报道法院判决结果时，在标题制作上已习惯于使用"获刑"一词，尽管文字显得简洁，但于情于法都有不准确的地方。既然犯罪嫌疑人系被告被法院宣判构成犯罪执行徒刑，受到的是法律的惩罚，在语言表述上应为贬义，而不是褒义，故在报道中不宜使用"获刑"一词。

周宏（河北 读者）

94

2008 年 2 月 21 日，《中国新闻出版报》第二版《来信》：

不要滥用引号

打开书报杂志，许多思想性、学术性、艺术性俱佳的文章扑面而来，令人赏心悦目又获益匪浅。但值得注意的是，也有些文章立意不错，却因滥用引号使内容支离破碎，甚至与原意相反。曾见过一篇千字文，竟用了 44 个双引号，使人不忍卒读。

按照标点符号的用法，当用引号的有三种情况：一、引用别人的文章或讲话；二、特定的称谓或需要着重指出的部分；三、表示讽刺或否定的意思。

有些文章加了引号反而使人产生疑惑。如某法制报有一条消息的标题是：《上海"房产蛀虫"殷国元落马始末》，此人数年内索贿、受贿 3600 万元，原本就是一个房产蛀虫，何必加引号？

某个新闻类刊物刊出文章，小标题为《重塑报纸网络以"赢"补"亏"》。本来就是一句很明白的话，加引号纯属多余。

贵报 2 月 18 日第 6 版有一篇文章，《春节引来印刷企业"跳槽动荡"》。这里加的引号令人费解，究竟有没有这个动荡？如果是肯定句式，加上引号又想告诉读者什么？

有些娱乐文体类报纸，特别喜欢对明星乱加封号，对于某些似是而非的传闻则乱加引号，使人真假莫辨，这不是负责任的新闻工作者应有的作为。

出版物在正确使用语言文字和标点符号方面起着示范作用，希望新闻出版界同行下笔慎思，不可滥用，更不能错用。

潘国彦（中国出版社工作者协会　编审）

报刊的业务建设，应该先是从最基本的纯洁语言文字、注重语法修辞、规范使用标点符号做起，以端正文风。1951 年 6 月 6 日，《人民日报》发表了经毛泽东修改定稿的社论《正确地使用祖国的语言，为语言的纯洁和健

《咬文嚼字》

康而斗争》。同日,《人民日报》连载了清华大学语言文字学专家吕叔湘和朱德熙编写的《语法修辞讲话》。同年9月,发表了新闻出版总署颁布的《标点符号用法》,详细规定14种标点符号的名称、意义和用法。1955年1月,教育部和文字改革委发布汉字简化方案共141个简化字,带头在报刊上试用。这些举动,对于纯洁语言文字,注重语法修辞,起到良好的引导作用。当前我们正大张旗鼓地宣传弘扬传统文化,然而,语言文字的一些状况令人担忧,值得引起重视。

上海著名语言文字期刊《咬文嚼字》每年评选"年度十大语文差错",给中国人的语言生活"洗个澡",影响很大。杂志主编郝铭鉴认为,当下语言文字的应用,总体来说呈现"草率化、朦胧化、粗鄙化、游戏化"四大危机。不少人对语言缺少一种敬畏感,使用语言文字的粗枝大叶、不求甚解成为普遍的社会风气。治理汉语之乱,需要全社会的共同关注。

四、"文化大革命"噩梦中的"文革小报"

1966年5月至1976年10月,中国大地遭受了一场史无前例的严重灾难,这就是震惊中外的"文化大革命"。1981年6月27日,中国共产党第十一届六中全会

"文革小报"《郑州工人报》

作出了《关于建国以来党的若干历史问题的决议》,对"文化大革命"进行了正确的总结,及时、果断地指出:"'文化大革命'不是也不可能是任何意义上的革命或社会进步","历史已经判明,'文化大革命'是一场由领导者错误发动,被反革命集团利用,给党、国家和各族人民带来严重灾难的内乱。"

在这场长达10年的内乱中,新闻出版战线比起其他战线受到的冲击更为严重。一方面是党和国家的正规报纸无法正常出版,不少报刊被迫关停;另一方面形形色色的印刷品不受管制,泛滥成灾。1967年,全国的报纸出版发行出现了这样一个怪现象,即全国正规出版的

报纸由上一年的 343 种猛降为 43 种，关停 300 种；全国正规出版的期刊由上一年的 790 种猛降为 27 种，关停 763 种。社会上冒出了一批"文革小报"。迄今已见到或有确切记载的北京地区的"文革小报"近 1000 种，约计 8770 期。全国出版的"文革小报"超过 6000 种。这些是新中国成立以来出现种类最多、数量最大的小报，可以说是空前绝后的。

我们对待文化大革命噩梦中的"文革小报"，不应也不可能割断历史。实事求是地说，尽管"文革小报"产生于非法无序之中，在搅乱人们思想方面起到了推波助澜的作用，但是，它毕竟是一个历史时期存在的产物，较

"文革小报"《洛阳工人报》

为详尽地记录了那段内乱时期在中国大地上发生动乱的现实情况。"文革小报"作为教材，教育今人和后人以史为鉴，防止历史悲剧重演，作为史料，为今人和后人保留研究历史的原始材料。

"文革小报"没有正式的编辑出版机构，也无须向有关部门申请、登记注册，刊期以及出刊、停刊均带有很大的随意性。多数"文革小报"随出随停，随停随办，靠发送为主，为了加强对"文革小报"的引导和控制，中共中央于 1967 年 5 月 14 日发布《关于改进革命群众组织的报刊宣传的意见》。文件首先肯定了革命群众组织编印的各种报刊在宣传战线上起了重要的作用，然后针对这类报刊宣传工作中存在的问题提出了具体的政策规定。昙花一现的"文革小报"逐渐淡出历史舞台。

谈及"文革小报"就不能不谈及《中学文革报》，谈及《中学文革报》就不能不谈及《出身论》这篇文章及其作者遇罗克。

1966 年 6 月 1 日，《人民日报》发表社论《横扫一切牛鬼蛇神》，成为"文化大革命"的宣言书，红卫兵是"文化大革命"期间全国性的以大、中学校的青年学生为主的群众性组织。1966 年 5 月下旬最早在北京出现，并首先在首都的青少年中发起了红卫兵运动。1966 年 7 月底北京石油附中等校的学生贴出了一幅"老子英雄

儿好汉，老子反动儿混蛋"的"鬼见愁"的对联，立刻引起轩然大波。红卫兵们挥舞着皮带，在社会上迅速分出了"红五类"（革命干部、革命军人、革命烈士、工人、农民）、"黑五类"（地、富、反、坏、右）、"红外围"（其他劳动人民）等家庭出身不同的阵营，形成以出身为唯一标志的全社会的重新分化组合。祖辈、父辈的成分，被当作革命与反革命的唯一划分标准。

《中学文革报》经北京四中、三中等几位中学生半个月的酝酿筹备，于1967年1月18日正式创刊，第一期头版赫然载出惊世骇俗之作《出身论》，作者署名"北京家庭出身问题研究小组"。因刊载了这篇振聋发聩的战斗檄文《出身论》，而使《中学文革报》一举成名。以"首都中学生革命造反司令部宣传部"名义创刊的《中学文革报》引起社会的极大反响，报纸所在地北京四中门庭若市，来访者不断。以至创刊号出刊3万份立即一抢而空，重印6万份又发行告急，不得不又影印了1.5万份。《中学生文革报》因文章《出身论》而身价倍增。

《出身论》的作者遇罗克，他的父亲原是水利电力部的一位工程师，1957年被错划为右派分子，"黑五类"子弟的遇罗克，以门门功课考试都在90分以上的成绩，却没有一所大学能够录取他，深受其害的他忿然挥笔，一吐胸中积郁，《出身论》由此产生。《出身论》通篇一万多字，立论严谨，事实充分，语言辛辣。它是鞭挞封建血统论的战斗檄文，从而赢得了广泛的社会共鸣。当然，在那个极左思潮猖獗的特殊年代，《出身论》的作者和《中学文革报》的命运便遭到残酷的迫害。1967年4月14日，中央文革小组成员戚本禹在讲话中宣布《出身论》"代表了反动的社会思潮"，《中学文革报》被勒令停刊，遇罗克被打成现行反革命逮捕入狱。经过几十次审讯，戴上重镣和背铐的遇罗克仍然坚信自己的观点是正确的。1970年3月5日，在北京工人体育场的万人批斗会上，遇罗克被"宣判死刑，立即执行"。剃光头发、身挂大牌的他，仍然不屈服，不低头，昂首挺立，视死如归。当年，他才27岁。1979年11月21日，经过中共十一届三中全会的拨乱反正，北京市中级人民法院为遇罗克平反，正式宣告"遇罗克无罪"。文化大革命的噩梦已经过去。

五、一份内参改变留法博士的命运

1983年11月6日，《延安日报》记者杨捷给中央写过一个"内参"《一位获博士学位的留法学生回国一年半后还未分配工作》。

1983年11月10日，《人民日报》社在专供中央领导阅读的"大参考"——《情况汇编》第 590 期上刊登了记者杨捷的这篇"内参"文章。

1983 年 11 月 16 日，邓小平在"内参"这篇文章上亲笔作了批示："请国务院检查。天天讲缺人，有人不能、不会用，为什么？是谁的责任？如何纠正？需要弄清楚。"

邓小平在批示中，特别强调"国务院检

邓小平关于"尊重知识，尊重人才"的讲话收入《邓小平文选》

查"，在短短 35 个字的批示中连用三个"？"号，可见问题的严重性。还用红笔在《一位获博士学位的留法学生回国一年半后还未分配工作》的标题下画了两道粗重的红杠杠，以期引起特别重视。

记者杨捷的这篇"内参"竟然引起了党中央、国务院的高度重视，中央政治局的几位领导 都作了重要批示。事情还要从头说起：

陕西省延安地区有个知识青年名叫李武强，西安市人。1970 年毕业于西安交通大学无线电工程系，被分配到富县广播站工作。由于刻苦学习，锲而不舍，在做好本职工作的同时，利用业余时间认真钻研电真空学，并自修了俄、日、英、法四国外语。于 1980 年 2 月考入法国巴黎大学留学，是"文革"结束后，我国首批派出的公费留学生。1982 年，李武强以优异的成绩获得法国巴黎大学物理学博士学位。由于其品学兼优，事业有成，巴黎大学校长执意要他留校，在法国搞科研工作，面对令人心仪的工作环境，令人心动的生活条件，李武强不忘报效祖国的理想，1982 年 5 月义无反顾地回到祖国来到北京。

一位学"机器人"的留洋巴黎大学的博士生回国后，等待了一年半时间，没有适合自己的工作。李武强为工作分配问题，三赴西安，两进北京，写了几十份自荐材料，从中央到地方，找了不少部门和单位，希望安排与自己学习专业相关的工作，为"四化"建设服务，报效祖国。最后还是在"哪里来回哪里去"的原则精神下，将李武强分回原工作单位——陕西省富县广播站。十二年一个轮回，李武强学非所用，又回到广播站，他依旧被派去爬杆架线，依旧去修理舌簧喇叭，依旧做着维护广播通信畅通的工作。更让李武强哭笑不得的是，新闻记者采访他，报道他如何刻苦学习，在国外获得博士学位，回国后为报效祖国，从不挑肥捡瘦，像颗螺丝钉一样，在艰苦的条件下，服从组织分配，哪里需要就在哪里干，是当代知识分子的榜样，是雷锋精神的体现。

记者杨捷在得知李武强的情况后，一个月内三下富县采访，走访了许多部门和单位，写了几万字的采访笔记，整理了四个多小时的采访录音，经过充分的调查研究，得出结论：李武强现象的出现，不是偶然的孤立现象，带有普遍性和典型性，是旧的人事制度造成的恶果，不尊重知识和人才的现象再也不能继续下去了。于是有了前面说的"内参"《一位获博士学位的留法学生回国一年半后还未分配工作》。

当时担任中共中央总书记的胡耀邦对"内参"这篇文章批示："这个典型必须引起我们严重警惕，人事组织部门的确有些工作极端马虎、卑视知识、不学无术的人，组织部门、人事部门不引进一大批热衷四化、积极上进的优秀干部，并坚决把某些不称职的人调走，我看要打开组织、人事部门的新局面是困难重重的。"为了贯彻和执行中央及邓小平的批示精神，中共中央组织部立即作出三项决定。第一，复印这篇内参，分发局级以上干部传阅；第二，立即召开部务会议，专门讨论如何贯彻执行"批示"；第三，由赵守一劳动人事部部长负责监督落实李武强的工作分配问题。

国务院根据邓小平批示精神，决定在全国进行一次自上而下的知识分子政策的大检查、大落实工作，并为此专门发了重要文件。

中央组织部、中央宣传部、中央统战部联合发出通知，决定在全国开展落实知识分子政策的检查工作，并决定从中央到地方成立落实知识分子政策领导小组。邓小平"尊重知识，尊重人才"的指示深入人心，它改变了留法博士一生的命运，更改变了一个民族的命运。

由于中共中央和国务院的高度重视，在邓小平的亲切关怀下，国家劳动人事部调配司司长亲自来延安地区办理了李武强的工作调动手续，重新分配李武强去国家机械工业部北京自动化研究所工作，并担任了研究室副主任，后调入中华人民共和国科学技术委员会，负责高科技开发工作。

六、地震赈灾《号外》融化灾难

2008年5月12日14时28分，四川汶川突发8.0级特大地震。灾难临头，四川汶川地震灾情牵动着全国人民的心，全国上下紧急动员抗震救灾。全国众多报纸第一时间迅速作出反应，争分夺秒集中力量推出"地震号外"，不仅仅为读者传递抗震救灾的最新消息，以及社会各界积极组织抗震救灾行动的动态情况，一些报纸还通过义卖"号外"的方式为灾区筹集赈灾善款。推出"地震号外"的有《新快报》、《扬州晚报》、《新京报》、《都市时报》、《重庆时报》、《长江商报》、《南方周末》、《桂林日报》等报纸。

12日14时28分四川大地震发生，广州的《新快报》在第一时间得知地震消息后，立即决定制作出版"地震号外"，力求把最新、最快的地震信息传递给读者。编辑记者以最快的速度组稿编排，印刷部门以最快的速度制版、印刷。17时，《新快报》发行部紧急召集发行人员随时待命派发"地震号外"。18时50分，10万份《新快报》"地震号外"全部印刷完毕下线，19时，发行人员奔赴天河、越秀、海珠、荔湾四大城区的路口、地铁口、广场等地向市民免费派发。不到一个小时，10万份《新快报》"地震号外"全部派发到读者手中。这是《新快报》自创刊以来出版发行最快的一期，从事发到派送到读者手中，仅用了4个小时。

12日17时，也就是四川大地震发生才两个半小时后，《桂林日报》"地震号外"就在市中心广场、阳桥、汽车站、火车站、甲天下广场五个人流密集地派发了。不到半个小时，5万份《桂林日报》"地震号外"全部派发给读者。据《桂林晚报》报道，桂林市民何先生抢到"地震号外"后告诉记者，为了赶回家看四川大地震的直播，他提前半小时下班，刚好碰上了免费派发"地震号外"，能快速了解到这么多关于四川大地震的消息，真是太及时了。外地游客吴先生身在异地对家乡的灾情放心不下，急于了解信息动态，看到"地震号外"后，对《桂林日报》的快速反应和媒体的责任感赞不绝口。

13日上午，新华社发表了

《新京报》号外

四川汶川大地震报刊新闻集萃（一）

胡锦涛总书记主持召开中共中央政治局常委会，研究抗震救灾工作，以及温家宝再次召开国务院抗震救灾指挥部会议的消息，传述了中央对于这次抗震救灾工作极其重要的指示精神。同时，还播发了新华社记者在灾区现场特写，拍摄的大量稿件和图片。为了将这些重要信息及时传递给广大读者，《扬州晚报》决定编辑出版"地震号外"，相关的编辑、记者、版式、校对、印刷、发行人员立即上岗投入紧张的工作，很多人午饭没有吃上一口，一个环节紧跟着一个环节，终于在16时抢印出6000份"地震号外"，并立即上街向市民免费发放。这份凝聚着《扬州晚报》报人赤诚之心的8开8版"地震号外"，既有权威、快捷的抗震救灾消息，又有"抗灾救援，扬州在行

四川汶川大地震报刊新闻集萃（二）

四川汶川大地震报刊新闻集萃（三）

动"的各种动态，既有来自灾区一线的全景消息、通讯，又有大量现场拍摄、反映震情和救援的新闻图片。

14 日和 15 日，《新京报》连续推出两期"地震号外"，每期 24 个版，加大对突发事件的宣传报道力度。从"评论"、"灾情"、"现场"、"特写"、"救援"、"应对"、"释疑"、"解读"、"赈灾"等多角度进行详细报道。在 15 日的"地震号外"中，《新京报》还增加了"时报"板块，为读者报道截止当天凌晨 2 点的最新救援情况。此外，《新京报》还联合中国青少年发展基金会、东方卫视、《中国青年报》、《21 世纪经济报道》、搜狐网、北京交通台以及 33 家省级青基会发起"希望工程紧急救灾劝募行动"，紧急呼吁社会各界慷慨解囊，帮助灾区孩子渡过难关。根据中国青年基金会公布的标准，捐款 500 元救助一名受灾学生，捐款 1000 元救助一个受灾家庭，捐款 50 万元抢修一所灾毁学校。15 日《新京报》赈灾义卖，义卖所得全部零售报款将通过中国青年基金会捐献给地震灾区的孩子。

一场猝不及防的特大地震，使四川盆地成为万众关注的焦点，汶川成为世界地震史的地标。灾区的一点一滴都牵动着全国人民的心，中国政府面对灾害作出快速反应，树立了良好的政府形象。新闻媒体面对灾害作出快速反应，体现了良好的社会责任感。华夏大地上迅速融汇起一股爱的暖流，一笔笔捐款、一批批物资、一拨拨人员、一声声关切、

四川汶川大地震报刊新闻集萃（四）

四川汶川大地震报刊新闻集萃（五）

一句句祝福……源源不断地涌向灾区，中华民族用真情、用责任、用诚挚、用奉献、用信念去融化灾难，在天地间谱写着一部荡气回肠的爱之乐章。

地震赈灾，大悲大痛，需要我们大爱化解。

七、《绵阳晚报》洛阳纸贵成明星

百年不遇的"5.12"四川汶川特大地震，震惊了中国，震惊了世界。此次大地震波及绵阳市，致使该市的北川和安县成为重灾区。绵阳地区一片阴霾，地震造成全市大面积房倒屋塌、停水停电、道路交通堵塞、通信网络全部中断，余震接连不断，正常生活秩序全面瘫痪，一时间与外界失去联系……

面对突如其来的灾难，《绵阳晚报》全体职工以大无畏的精神，高度的政治意识、大局意识、责任意识，对党对人民高度负责，忠实履行新闻工作者的职责，克服重重困难，坚守阵地，守土有责。《绵阳晚报》如常出版，屹立不倒，及时将"5.12"地震灾情动态及党中央和四川省委省政府组织抗震救灾的信息，以最快的速度发布给读者，《绵阳晚报》在当地一时间洛阳纸贵抢购一空，成了市民眼中的"报纸明星"。《绵阳晚报》如期出版是个奇迹，背后有着可歌可泣的故事。

"5.12"汶川大地震

汶川特大地震发生后致使通信中断。在没有接到任何通知的情况下，《绵阳晚报》全体编辑、记者、工作人员凭着职业敏感，在第一时间自发地聚到报社。当时，编辑部大楼被震裂，较大余震还在持续，随时都有倒塌的危险。报社印刷厂天花板大量脱落，玻璃被震碎，地面大量裂缝，翻浆冒水，地基变形，印刷设备受损。在此次灾难中，很多职工的房屋垮塌，亲人下落不明，老家在北川的总编助理刘文定失去 5 个亲人，记者黄志富家里价值 40 余万的房屋毁于一旦，但大家擦干眼泪，把悲痛埋在心底，没有一个人退缩，没有一个人惊慌，他们只有一个信念："坚守岗位"。社长陈纪昌发出铁的命令："必须克服一切困难保证报纸出版！"并身先士卒，带领职工赶回危楼抢出四台计算机。总编辑余凡带领编辑、照排、校对人员在露天编辑部紧张工作。印刷厂职工兵分几路，四处购买柴油，准备自己发电保证报纸出版。

"5.12" 汶川大地震

这场灾难，对新闻工作者是最大的挑战。哪里有情况，哪里需要采访；哪里最危险，哪里最需要报道；哪里最困难，哪里的信息才最有价值。困难和危险考验着我们每一个新闻工作者。社长陈纪昌、总编辑余凡等社领导奋不顾身亲自开车，送记者到一线采访。12 日 15 时，地震过后仅半个小时，《绵阳晚报》的记者采访车就出发了，副总编辑赵维民开车与记者姚茂强一道前往北川县、安县重灾区，他们是第一批走进重灾区的新闻记者。地震造成的公路垮塌、变形，余震不断，地动山摇，公路上不时有岩石滑落，险情随时发生，生命随时遇到危险，他们克服重重困难，深入灾害现场，采访回第一手新闻，连夜赶回绵阳，写出第一篇重头报道《北川安县七成房屋垮塌，村民伤亡惨重》。灾害现场就是战场，震情就是命令。13 日凌晨，《绵阳晚报》又派出熟悉北川地形的总编助理刘文定，由他率领几名男记者分三路深入北川灾区继续采访。各路记者陆续采访归来，稿件源源不断地编发。一场写入历史的悲剧在这里用文字记录下来，一个汇集全世界目光的惊叹号在这里定格……《绵阳晚报》吹响了抗震救灾的集结号。

经过彻夜的通力合作，终于保证 8 个版的报纸全部出齐了清样，满怀全报社人员的期望，这一期《绵阳晚报》开机印刷。13 日早上 7 时，当凝聚着全社职工辛勤劳动的《绵阳晚报》上市后，超过平常报纸一倍的加印量正常出版，被市民很快一抢而空，争先传阅。《绵阳晚报》发扬"弱肩"也要担道义，"只身孤手"也要著文章的精神，报道了来自受困受灾最严重的一些信息"孤岛"上的最新消息。充分发挥了舆论引导作用，成为社会的良心所在。

采访新闻，报道新闻，是新闻工作者的天职。《绵阳晚报》的新闻工作者在新闻战线上不仅仅是英雄，在突如其来的抗震救灾中也是勇士。时间就是命令，时间就是生命！在震灾中心的满目疮痍之地，在与外界隔绝自救之中，《绵阳晚报》的采访小分队，赶到北川中学，在掩埋了千余名师生的废墟里救出幸存者16人，背出遇难者的尸体上百具。断壁残垣不断塌落，余震频繁发生，风雨交加，手磨破了，衣服湿透了，筋疲力尽站不稳了，可是没有人退却，没有人放弃，把一批又一批伤者送离高危区，他们的精神感天地、泣鬼神！

八、《读者文摘》创刊号"险些"夭折

《读者文摘》对于中国读者来说，几乎无人不知，无人不晓，是中国人心灵的读本。《读者》原名《读者文摘》，于1981年创刊，是我国改革开放以来诞生的第一批社会综合类文摘杂志的优秀代表。杂志创办二十多年以来，以"弘扬优秀文化，体现人文关怀"为办刊宗旨，以摘登国内外短小精悍、内涵丰富、哲理性强的文章为主要内容，追求高质量、高品位、高水准办刊，形成了自己高雅、清新、隽永的独特风格；以独到的内容编排、精致的刊物设计以及与读者之间的良好互动，在期刊市场中较早确立了自己的品牌；培养了一大批忠实读者，并创造了惊人的发行记录，奉献了良好的社会效益，实现了两个效益的完美统一，走出了一条中国期刊发展的成功之路。引起了社会各界的广泛关注，称之为《读者》现象。目前杂志月发行量突破900万册，在海外累计发行量达50多万册，行销世界80多个国家和地区，居我国期刊发行量第一，世界综合类期刊发行量第四。获最高期刊奖：

《读者文摘》的创办人胡亚叔与郑元绪

《读者文摘》初创时的郑元绪、胡亚叔、彭长城

第一届、第二届国家期刊奖。

《读者》从无到有，从小到大，常盛不衰，使它蒙上一层神秘的面纱。谁解"《读者》之谜"？还是让我们听听《读者》创办人胡亚权如是说："办期刊是一种智慧的活动，大到纵横捭阖，小到细枝末节；明处须直面公众，暗处应精心策划；朝前要展望未来，朝后要洞悉历史，缺乏智慧怎么能行？"胡亚权的亲身感受印证了美国《独立周刊》一百多年前"社论"中的一段论述："杂志有生以来便代表一种智慧的活动。杂志的作用，是从旧材料中编织新的故事，配合时代的潮流改写历史及传记，伸张已经被人遗忘的真理。使健康的知识更能适合人的口味，化玄奥的科学为应用的知识，向世界上黑暗的角落，以及人类文化教育的若干隐处，投以搜寻的光亮，发起新的运动导引旧的运动。高揿警铃，使酣睡中的人们自梦中惊醒，扭转那些向后张望的头颅，使它目向前方……"

《读者文摘》的创世、孕育还有一段差点夭折鲜为人知的故事。

20世纪80年代初，党的十一届三中全会刚刚开过一年多，报刊出版业经过文化大革命十年的沉寂，开始复苏。被停办的报刊纷纷复刊，渴望读书的人们期待更多的书报刊问世，出版社迎来了中国历史上罕见的黄金时期。《人民文学》、《诗刊》、《大众电影》、《收获》等杂志陆续复刊、《钟山》、《译林》、《当代》等杂志争先创刊，当时似乎什么刊物都供不应求，几乎办一本就可以火一本，出版业大有掘金业之势，有句戏语"要想发大财，赶快办杂志"。甘肃人民出版社的总编辑曹克己，耐不住内陆甘肃出版业的寂寞，找到胡亚权，对他

《读者文摘》发起人曹克己

说："听说你办过杂志，你就来负责办一本杂志吧！"

一句"偶然"的话，成了一番事业的开端。

《读者文摘》的发起人曹克己，是个有魄力、有能力、想做一番事业的人。他的办事风格和思维方式：只告诉你方向，不问过程，关注结果。胡亚权找来郑元绪，《读者文摘》两个人的杂志编辑部说干就干，向出版社提交了办刊策划，三个月内办出创刊号。

《读者文摘》的创办人胡亚权时年 37 岁，毕业于兰州大学地质地理系自然地理专业，周围的人对其评价：大度、直觉、灵性、固执、下笔比言谈敏捷。另一个创办人郑元绪时年 36 岁，毕业于清华大学工程物理系，周围的人对其评价：理智、细腻、平和、深刻，长于口头表述。这就是他们两人的性格，二人组合的编辑部会是什么样的风格，我们就可想而知了。

一本杂志的创办从办刊理念、宗旨、主要读者对象的确定开始，《读者文摘》确定将"博采中外，荟萃精华，启迪思想，开阔眼界"十六个字作为最初的办刊宗旨，对基本读者群确定为：具有高中以上文化程度的青年，特别是将大学生作为核心读者群。刊名决定请中国佛教协会会长赵朴初题写，赵老长期从事佛学研究，擅长书法诗词，在中国文化艺术界享有盛名，赵老的题词也与本杂志意趣相同。杂志封面确定用电影演员娜仁花的侧脸头像，封面的设计力求干净、简洁，在距书报摊10 米外就可以辨认出来。创刊号的组稿、编排就这样紧锣密鼓地进行着，决定《读者文摘》1981 年 4 月正式创刊。

创刊号编完后，他们决定把当期的重点内容与办刊宗旨，在媒体上作个广告，扩大声势造点舆论。创刊号广告在《光明日报》上刊登，谁也没有料到会惹出麻烦，创刊号差点儿夭折。离正式出刊还有半个月时间，甘肃省委宣传部紧急通知《读者文摘》暂停出刊，接受审查。原来是某领导从《光明日报》广告得知《读者文摘》创刊号上要刊登《共和国主席之死》、《彭德怀的最后八年》、《省委第一书记》等敏感题材的文章，上面过问，新创刊

中央电视台为《读者》作专题节目时的彭长城

的《读者文摘》有什么背景？搞什么名堂？弄这么多敏感问题？当时的甘肃省委宣传部吴坚部长出于慎重，审查了创刊号的全部稿件，又找曹克己谈话，指出另外几篇如《末代皇妃李玉琴》等稿子也有问题。曹克己立即代表出版社作检讨，并把责任全部承担下来，鼓励编辑部不要灰心，有事领导兜着，按照要求迅速将有问题的稿子换掉，补换张贤亮的短篇小说《灵与肉》。首期稿子再次报到省委宣传部，经过审查，同意出版。

1981年4月，《读者文摘》创刊号正式与读者见面，甘肃人民出版社出版，16开本，48页，定价0.3元，全国新华书店经销。创刊号发行3万册。《读者文摘》编辑部的墙上写着一句语录："世界上许多最美丽的花，往往开放在无人知晓的地方"。

九、《译林》创刊号引起的风波

大型外国文学丛刊《译林》创刊于1979年11月，由江苏人民出版社出版，全国各地新华书店经销。16开本，332页，定价1.20元。《译林》开辟"长篇小说"、"诗歌"、"电影文学剧本"、"中短篇小说"、"外国作家介绍"、"外国文学评介"、"名词解释"等栏目。创刊号发表了著名学者范存忠《祝贺"译林"的诞生》、陈嘉《读点外国文学很有好处》、袁可嘉《谈谈西方现代派文学作品》等人的文章，还发了著名翻译家戈宝权的6首罗马尼亚爱明内斯库的译诗。《译林》编辑部在创刊号发表文章《打开"窗户"，了解世界》中指出"在实现四个现代化的新长征中，我们不仅需要建设高度的物质文明，还要发展高尚的丰富多彩的文化生活，建设高度的社会主义精神文明。为了达到这个目的，积极地借鉴和学习外国一切进步的和优秀的文艺作品，是十分需要的。……我们打算把《译林》的主要篇幅，用来译载当代世界各国具有一定进步倾向、艺术水平较高、办广大读者所欢迎的文学作品，也译载一些当前世界文学重要流派的代表作和一些古典的外国文学作品。为了使读者了解某些国家创作的总貌和趋向，帮助读者提高对外国文学作品的欣赏水平，还准备发表一些有关外国文学的评介文章。"

20世纪70年代末，由于文化大革命十年灾难造成了全社会的"出版荒"局面，文化书刊寥寥无几，为应急重印了一批中外文学名著，文化部出版局给出的外国文学图书目录中，依然仅限于托尔斯泰、巴尔扎克、狄更斯等名家作品。但是，这些名著毕竟只反映历史社会生活，与现实有一定距离。广大读者经历了长期文化禁锢，迫切需要打开窗口，了解当今丰富多彩的世界。于是，江苏省出

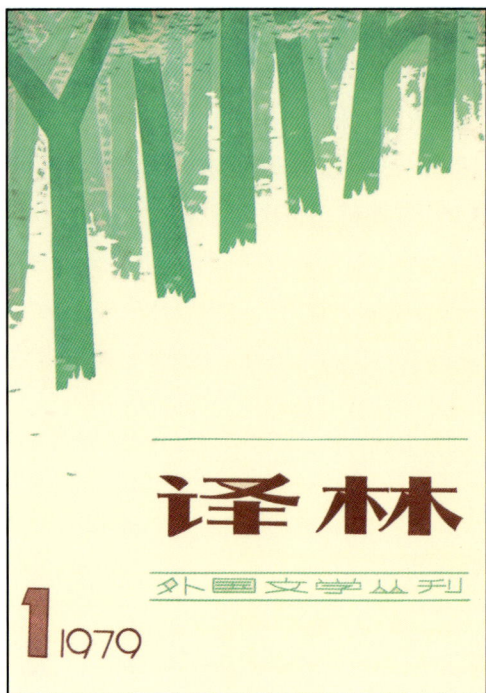

《译林》创刊号

版局审时度势，决定由江苏人民出版社创办大型介绍外国文学翻译作品的《译林》。

后来在海内外文化界有着巨大声誉的《译林》杂志一炮打响，20万册创刊号，很快售罄，立即又加印了20万册。据邮局的工作人员讲，南京邮局每天外地邮购的汇款单要用大邮袋装，汇款员们忙得不亦乐乎。甚至还出现了黑市交易，原价1.20元的《译林》，竟被炒到2元，还外加两张香烟票，《译林》当时一册难求。《译林》创刊号出版后，编辑部收到全国读者来信万余封。

读者们的反映如此强烈，使《译林》编辑部始料未及。但是，更出乎意料之外的是接踵而来了一封告状信引起

的风波，使《译林》面临着巨大的压力和停刊的危机。

主持《译林》编辑部工作的李景端听说，中央负责意识形态方面的领导人胡乔木在一次讲话中点了《译林》的名，说是"现在有些杂志只顾挣钱，南京《译林》就是这样的杂志"，等等。编辑部惴惴不安，是什么性质的问题，使刚出世的《译林》惊动了这么高级别的领导人？原来是中国社会科学院外国文学研究所所长冯至，给胡乔木写了一封信，对《译林》创刊号刊登长篇小说《尼罗河上的惨案》表示质疑，信中说："目前有关翻译出版外国文学作品的某些情况，觉得与左联革命传统距离太远了。近年来有个别出版社有片面追求利润的倾向，当前我国印刷和纸张都很紧张，他们却翻译出版了些不是我们所需要的作品。如江苏人民出版社出版的'外国文学丛刊'《译林》一九七九年第一期，用将及全刊一半的篇幅登载了英国侦探小说女作家克里斯蒂的《尼罗河上的惨案》……这些书刊被一部分读者争相购阅，广为'流传'，印数达到数十万册以上。侦探小说也有优秀的、启人深思的作品，但是大多数都没有什么教育意义，有时还能造成坏的影响，根本谈不上对于发展和繁荣社会主义文学、培养社会主义新人有任何好处。克里斯蒂在本世纪20年代已开始写作，30年代已大量生产，我见闻有限，过去却很少听人提到过她，为什么现在忽然这样'时兴'？从这点看来，我们读书界的思想境界和趣味，真使人有'倒退'之感"。胡乔木收到冯至这封信后，很快加批语转发给中共江苏省委研究处

理。接着江苏省委政策研室在《调查与研究》上转发了胡乔木批转冯至的长信，并加了语气缓和的按语，对《译林》提出期望，希望能够通过这封信，总结自己的工作，进一步把刊物办好。江苏省出版局接到省委的批转文件后，时任局长和党组书记高斯态度鲜明，他认为在电影公开放映《尼罗河上的惨案》后，《译林》将其原著加以翻译出版，更有助于使读者全面地认识这部作品，这不是什么错误。《译林》编辑部顶住压力坚持实事求是的原则，认为办刊编辑方针还是正确的，得到广大读者和翻译工作者赞同和支持。《尼罗河上的惨案》既不诲淫，也不诲盗，《译林》刊登没有错。

1980年5月，中国作协在北京召开全国文学期刊编辑工作会议，《译林》又成为会议中的热点话题，大家充分发表意见展开热烈的讨论。到了会议闭幕时，时任中宣部部长王任重代表中宣部作出了结论，特别指出："这些信和江苏省委转发时的按语，我和耀邦同志都看了。耀邦同志要我说一下，这件事情就这样处理，就到此结束。同志们，这样的态度，这样的处理方法，对不对呢？《尼罗河上的惨案》印得多了一点，这一件事要追究责任？要进一步处分？不会嘛！"至此，关于《译林》创刊号所登载的《尼罗河上的惨案》而引发的告状信风波，算是画上了句号。事后，冯至特意派车接李景端去他家做客并表示了谦意，不失享有盛誉的学者风度，不禁引起了大家对文学老前辈的敬意。冯至1987年亲自主篇一套"德语文学丛书"，特地写了一篇书评文章，发表在《译林》杂志，接着又将撰写的这套丛书总序也发表在《译林》上，成为人们议论的一段佳话。

《译林》创刊伊始，因一封告状信引起的风波，颇能反映改革开放以来，我国的外国文学特别是西方通俗小说出版的几经波折历程，改革开放过程实质也是思想不断解放的过程。

十、《集邮博览》突然"死而复生"

1981年10月30日，北京历史上第一个全市性的集邮组织北京市集邮协会正式成立。大会以不记名方式，选举产生了由马贵阳、刘国珍、成志伟、杜庆云、沈曾华、张关基、吴凤岗、吴铎云、郑德山九人组成的第一届理事会。1982年2月2日在集邮协会理事会上，决定创办协会会刊，定名《北京集邮》，并组成《北京集邮》编辑委员会，办公地点就设在南河沿南口菖蒲河一号的北京集邮公司内。由负责协会宣传工作的成志伟主抓《北京集邮》的筹备与编辑工作，由协会秘书长刘国珍负

《北京集邮》创刊号

更名前的《北京集邮》

责印刷出版工作。

1982年7月，《北京集邮》创刊号出版发行。廖沫沙题写刊名，林丰年设计期刊封面。封二上刊载廖沫沙的题词："宇宙星云皆电迹，天涯海角尽邮踪"。16开本，32页，为季刊。设有"集邮百科"、"邮学研究"、"世界邮谈"、"邮风与邮德"、"邮票与北京"、"读者来信"、"讲座"等栏目。发刊词指出："《北京集邮》是首都广大集邮爱好者自己的园地。我们热忱希望大家关心、爱护和支持这个刊物，积极为刊物写稿，经常对刊物提出自己的意见和建议，与我们一起把刊物办得越来越好。我们相信，依靠广大集邮爱好者的共同努力，首都的集邮活动一定会开展得更加丰富多彩、生气勃勃，北京的邮坛一定会姹紫嫣红、百花盛开。"

《北京集邮》出版至第19期，从1987年的第1期（总第20期）起更名为《集邮博览》。从1998年第7期起沈鹏为期刊题写刊名，后一度改用黑变体美术字刊名，至2003年第一期恢复使用沈鹏题字。刊期由季刊改为双月刊，后又改为月刊。页数由32页改为48页、64页、96页。发行量由创刊时的7000份增至4万份，邮市高潮时曾达到13.7万份。主办单位由北京市集邮协会变更为北京邮政局。

2006年12月，《集邮博览》出版至224期，在期刊封面上突然刊出"终刊号"三个字。"终"即最后，结束，末了的意思，走到终点也。

《集邮博览》25年的成绩和影响是有目共睹的，它的创新精神，认真态度，直率风格，与读者的亲和力长期受到人们的好评。为读者服务的办刊方针不是写在纸

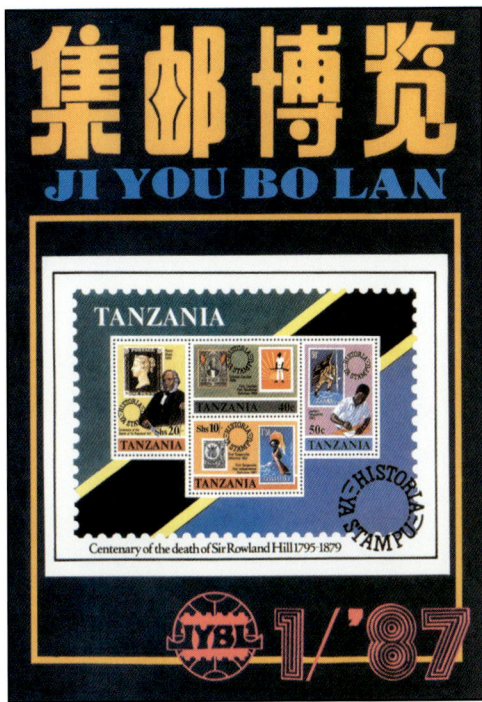
更名后的《集邮博览》

上，而是落实在实处。比如说《集邮博览》付给作者的稿费不是最高的，却是最及时的；比如说《集邮博览》服务部的集邮书刊不敢说是最全的，却是服务最周到的；比如说《集邮博览》尽管是官办的邮刊，却敢于直击集邮时弊，反映集邮者呼声。

《集邮博览》突然停刊的消息引起了众多集邮朋友的关注和议论，在网上也闹出了点动静，甚至有过激的言语出现，集邮界一片哗然。《集邮博览》主编林轩在"终刊号"上发表《临别感言》："《集邮博览》走过了她青春健康的25年，猛地戛然而止，这是大家很遗憾的事情，很多朋友甚至都不敢相信这会是事实，但这毕竟是真实的现状。'人有悲欢离合，月有阴晴圆缺，此事古难全。'万事万物都有生死盛衰的过程，《集邮博览》处在集邮日渐低落的大环境中，又躬逢中国邮政改革之秋的调整，于是奉上级主管部门的指示，不再编辑出版了，套句足球数语：'突然死亡。'……25年一个驼峰，25年一个轮回，前者是新生，后者是圆寂，杂志停办，发行量降低到影响经济的程度是一个重要的原因，但并不完全是经济上的，更多的反倒是观念上的。……目前中国邮政政企分开后，作为经营为主的邮政企业，在集邮业务不断下滑的背景下，是否还有宏扬集邮文化的义务，在社会效益与经济效益权衡上如何取向，看来认识不尽一致，但这个问题处理不好，无疑对中国的集邮业务与集邮事业影响极大。……《集邮博览》即将完成它的历史使命，我想能否

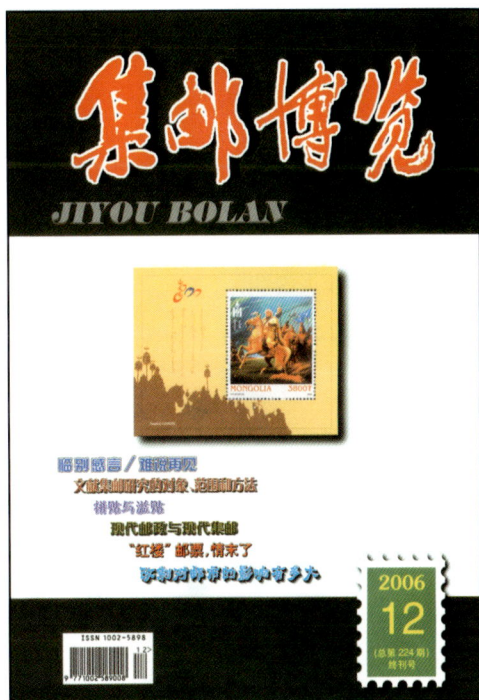
《集邮博览》终刊号

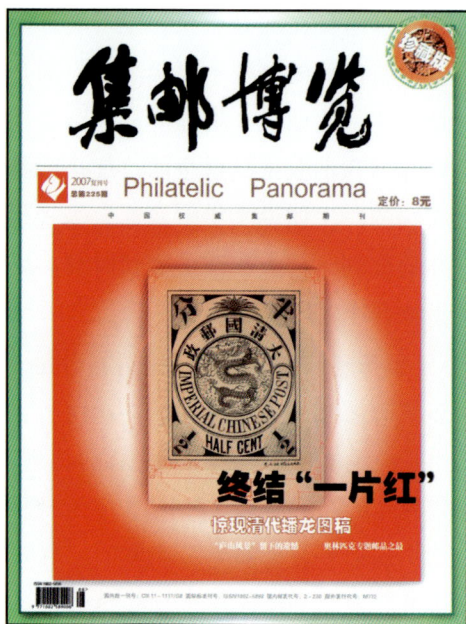

《集邮博览》复刊号

由我们为她刻上这样的墓志铭：存在过，创造过，辉煌过，奋斗过。"《集邮博览》25 年来就像一棵不知名的小草慢慢成长，当人们看腻了花红柳绿的时候，不经意间发现这棵小草与众不同。时过境迁，在这寒风瑟瑟的初冬，小草就要枯萎了。

2007 年 8 月，集邮爱好者们发现盛夏的报刊亭摆出了《集邮博览》珍藏版的"复刊号"，期刊封面依旧是沈鹏题写的刊名，总第 225 期依然是总 224 期《集邮博览》"终刊号"的延续。只不过由 16 开本变为大 16 开本，定价由 6.8 元变为 8 元。国内统一刊号资质依旧是 CN—1117/G8，只不过主办单位由北京邮政局变为中国邮政文史中心。

短短的七个月，长长的二百多天，《集邮博览》突然死亡又重生，从"难说再见"到"今又见面"，期刊出版史上爆出新闻，集邮文献史上冒出冷门。

"无可奈何花落去"，面对《集邮博览》"终刊号"彼时彼刻，读者无言以对，难说再见。

"不尽长江滚滚来"，面对《集邮博览》"复刊号"此时此刻，读者惊喜交加，今又见面。

《庄子·大宗师》曰："反复终始，不知端倪。"《集邮博览》突然死亡又重生谁解端倪？那些热爱集邮、曾经关注过《集邮博览》的朋友们，继续关注《集邮博览》吧！

十一、《新华月报》创刊号鲜为人知的失误

《新华月报》是 1949 年新中国成立以后陆续出版的第一批期刊，是由当时的中央人民政府出版总署署长胡愈之创办的。胡愈之在上海主办过大型综合性文摘刊物《月报》，他认为新创刊的刊物应加上"新华"二字，以表明其是在新中国成立后创办的。

《新华月报》于 1949 年 11 月 15 日在北京创刊，创刊号上发表了题为《人民新

历史的开端》发刊词，"《新华月报》在这时候，随着新中国的诞生而诞生，它的任务将是记录新中国人民的历史。……我们现在正站在中国有史以来从未有过的光辉灿烂的新时期的开端。我们丝毫也不为我们所已经得到的成功而骄矜，我们时刻准备着遇见新的困难，新的挫折，准备为着通过这些困难，克服这些挫折而艰苦奋斗。但我们深信，勤劳而勇敢的中国人民一定能够用自己的自由的手成功地创造出中国人民的新历史。"《新华月报》由人民出版社主办。毛泽东为创刊号题词："爱祖国，爱人民，爱劳动，爱护公共财产为全体公民的公德。"首任主编胡愈之，并组织了包括胡绳、王子野、楼适夷、艾青、臧克家等学者的编辑班子。该刊为大型政治性、文献资料性综合刊物，旨在记录新中国发展历史，宣传中国共产党和政府的大政方针。按月刊载中央领导机关的重要文件、中共中央和国家领导人的重要讲话和文章，有关我国经济建设、文化科学发展、外交活动、国内外重要会议和重大事件等。每期近50万字，具有选材准确，内容翔实，资料齐全，查阅方便的特点。1966年7月停刊，1970年7月在周恩来总理亲自过问下复刊。1979年出版《新华月报》文献版和文摘版。从1981年第一期起文献版继续用《新华月

《新华月报》创刊号

毛泽东为《新华月报》创刊号题词手迹

报》刊名出版，文摘版另以《新华文摘》为刊名单独出版。

　　《新华月报》创刊出版时，曾发生过一件鲜为人知的失误之事。30 年后，1979 年《新华月报》再发表毛主席的题词，请胡愈之写一篇纪念文章，胡老写了文章及信回复，信中说"为《新华月报》再发表毛主席题词，要我写一文。现已写成送上审定。"但是，胡老写的文章，竟然是一篇深刻的"检讨"，向广大读者深刻检讨时过三十年的那件失误之事。这种忠诚出版事业的认真态度，令人肃然起敬。读者从胡老的"检讨"中，一起回忆建国初期毛主席为《新华月报》创刊号题词的经过。

我的检讨

　　《新华月报》创刊于一九四九年十一月十五日。这是全国新华书店成立总店以后出版的第一刊物，也是中华人民共和国建国以后创刊的具有历史文献性的唯一刊物。我是这个刊物编委会的负责人之一。

　　当《新华月报》创刊号正在筹备的时候，中国人民政治协商会议第一届全体会议正在中南海怀仁堂举行会议，在毛主席亲自主持和领导下，起草和通过关于建立中华人民共和国的一系列宣言、纲领、方针、政策以及中央人民政府组织等文件。九月二十九日那一天，会议通过了《中国人民政治协商会议共同纲领》之后，宣布休会十五分钟。毛主席的席位在第一排中间，我在毛主席后面，相隔七八排。休会的时候，我看毛主席仍然坐着，没有离开席位。我趁这个机会，走到毛主席席位旁，向毛主席报告创办《新华月报》这件事，并请示主席能否亲笔为创刊号题词。毛主席点点头，向我说："你先给我打一个稿子。"我回到自己的席位上想：打一个什么稿子才好呢？我翻阅放在前面的《共同纲领》其中第四十二条是："提倡爱祖国、爱人民、爱劳动、爱科学、爱护公共财物为中华人民共和国全体公民的公德。"这就是后来著名的所谓"五爱"，是以毛主席为首的党中央所提出，列入当时的临时宪章《共同纲领》而由会议通过。

　　我以为这段话是比较适宜的。当时会场上已打铃，准备继续开会。我赶忙把这段话用另一张纸摘录下来，怕继续开会以后会扰乱会场秩序，抄录后甚至没有再仔细看一遍，就把底稿送到毛主席的席位上。后来我望见毛主席提起笔就写了。写完后转过身来向我打招呼，我就前去取到了毛主席亲笔题词。那时我又高兴、又兴奋。立刻到会场外边去打电话，要《新华月报》编委会马上来会场取去，赶紧制版。

　　我在当时竟没有想到我的底稿在抄录时犯了错误，把"爱科学"三个字漏掉了，"公共财物"写成"公共财产"，一直到创刊号付印发行以后，我没有发现我的错误。过了一个多月，我在国务院的一次会议上，韦明同志提醒了我，我才明白我写错了字，把"五爱"写成"四

1961年《新华月报》百期工作人员合影，前排中间为胡愈之

爱"。但是创刊号早已大量印发，无法加以更正。后来我在出版总署的三反运动中，我检讨了我在出版工作中的错误和缺点，其中提到这件事。但是我的检讨是不深刻的，并且没有向《新华月报》的广泛读者公开过。

一九七〇年十月一日晚间，我上天安门参加国庆晚会。毛主席上城楼来了，他按常例和站立两旁的同志们一一握手。这也是我生平最后一次同毛主席见面和握手。毛主席同我亲切地握了手后就说："你还在搞出版工作吗？"我立时想起二十一年前犯的错误，一时竟瞠目不知所答。

党允许犯错误，但必须改正错误。所以我趁《新华月报》创刊三十周年重新刊登毛主席题词的机会，向广大读者检讨我当时所犯的错误。……

我的这一检讨是为了对自己进行鞭挞，表示要有决心改正错误，同时我也希望这一检讨对今后出版工作同志们，能起反面教育的作用，这对工作是有好处的。

胡愈之
一九七九年九月

十二、《出版史料》创刊号的三个版本

我国是一个出版大国，也是一个出版历史悠久的国家，伴随着出版事业的发展，对于出版政策、出版机构、出版工作者、出版物的历史和故事，对于各种出版

1982 年 12 月《出版史料》创刊号

活动及相关事物的诸多情况，需要反映，需要记载，需要研究。《出版工作》的创刊和出版，适应了出版工作的需要，它为出版工作者的挖掘、收集、整理历代出版史料，继承历史传统，宣传先进文化，促进出版事业的繁荣发展提供了一个重要阵地。正如叶圣陶先生所说："出一种关于出版史料的刊物，我想是有意义的。意义不在于为史料而史料，而在于鉴往察来，也就是通常说的总结正反两方面的经验，使出版事业不断发展，日益昌盛。"

今天出版的《出版史料》季刊，经历了创刊、停刊；第二次创刊，又停刊；第三次创刊，直至今日。二十多年中记载了热心出版史研究的出版家王仿子、宋原放、赵家璧、王益等的多方努力，才使《出版史料》得以生命不息，出版不止。使得《出版史料》创刊号有了三个版本的故事。

《出版史料》第一次创刊于 1982 年 12 月，在上海。由上海新闻出版局原局长宋原放担任主编，由上海出版工作者协会《出版史料》编辑部编辑，学林出版社出版，16 开本，158 页。赵家璧撰写题为"共同努力办好《出版史料》"的代发刊词："出版工作是一个国家文化积累的展现，也是建设我国精神文明的基石，而出版史料更是文化思想工作的历史反映。这里是一个未经深入发掘的地下宝库，出版史料的价值，不仅有关出版业本身，更重要的意义在于它涉及到近代、现代史，文学史、艺术史、科学史等许多学科的研究工作。"出版界老前辈叶圣陶、陈翰伯、徐行之、姜椿芳、陈虞孙、李俊民等不辞高龄辛苦，为创刊号写来祝贺文章。创刊号的出版，适逢生活书店、读书出版社、新知书店三家书店联合从事革命出版工作五十年，商务印书馆创立八十五周年和中华书局创立七十周年。《出版史料》为史料性刊物，专事搜集、刊载自鸦片战争以来一百多年内的出版史料，其中尤以五四运动至 1949 年新中国成立这三十年间的史料为主，适当兼及古代和当代的重要资料。每年发行一期，出版到了第五期（1986 年 6 月）以后变成了每年发行两期，最后变成季刊。到了 1993 年 8 月总共发行了 32 期，此后不明原因地停刊了。

时隔两年后的 1995 年，中国版协老出版工作者工作委员会在上海开会期间，许多委员呼吁尽快恢复《出版史料》的出版，得到与会者的热烈响应。出版界前辈王访子、王益等不顾年事已高，继续不遗余力，奔走呼号。在上海的宋原放亦不顾疲劳奔走于京沪，他们的努力得到有关方面和领导的理解和支持。

《出版史料》第二次创刊于2001年7月在北京。创刊号是以"丛刊"形式出版的，由北京开明出版社出版，16开本，128页。宋原放任编审委员会主任。创刊号第二个版本的出版，适逢纪念中国共产党成立80周年。在"笔谈出版史料"栏目中的文章，其中使用了很多"再生"这个词，读者高兴地看到这本在上海消失了的杂志又在北京获得了"再生"。《出版史料》再生出版后设"往事寻踪"、"名家书信"、"百家书话"、"走进序跋"、"人物写真"、"文献新谈"、"文化自述"、"我与藏书"、"随笔"、"书之史"、"指迷录"、"旧文重刊"等栏目。在上海《出版史料》中经常能看到的作者姓名，在北京《出版史料》中也常出现和找得到。重视史料的一贯编辑方针，正是上海《出版史料》出版精神的再生。2001年7月至2002年12月，《出版史料》以丛刊的形式出版了四辑，共刊登157篇文章。故友重逢，受到出版界、读书界新老读者的热烈欢迎。《中国新闻出版报》于2001年8月14日在第一版以《出版界的"光彩"之作》为题报道了《出版史料》丛刊出版的情况，报道称，被誉为"光彩著作"的《出版史料》阔别十年后今又出刊，给出版界带来莫大欣喜，标志出版史研究第二个春天的到来。

2002年岁末，《出版史料》终于盼到新闻出版总署正式出刊的批复，国内统一出版号为CN11—4805/G2。《出版史料》正式重生。

《出版史料》的第三次创刊于2003年3月25日，在北京。由中国民主促进会中央委员会主管，开明出版社主办，焦向英任主编，16开本，128页。创刊号的版权页上没有注明"总第一期"，而是注明"新总第5期"，以示《出版史料》丛刊的延续。办刊宗旨：以马克思列宁主义、毛泽东思想、邓小平理论和江泽民同志"三个代表"重要思想为指导，积极、客观、公正地反映我国出版历史的具体实践和优良传统，特别以现当代出版实践和出版史料为主

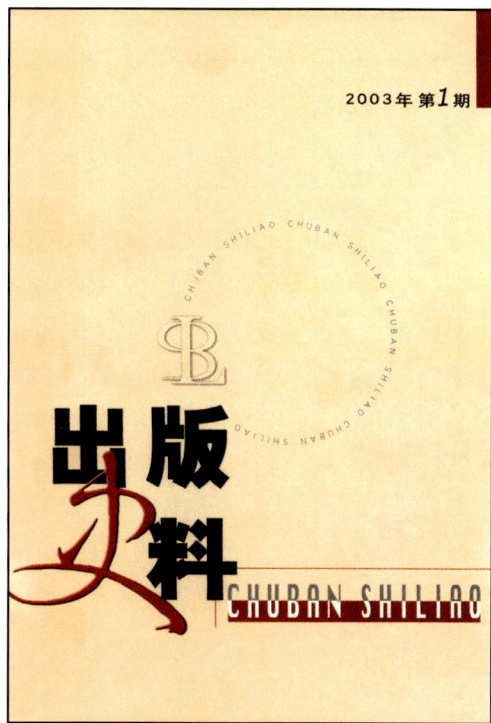

2003年3月《出版史料》创刊号

要内容，同时兼顾古代、近代出版史，有利于出版、编辑人员素质的提高和中国出版事业的现代化进程。编审委员会主任宋原放在刊首的〈告读者〉中说："我们深知新刊来之不易，会十分珍惜它，办好它。我们要团结出版史研究者，文化界学者，把《出版史料》办成一个求真务实的中国出版史的刊物。"

《出版史料》创刊号三个版本的故事，纪录了《出版史料》从诞生、到再生、到新生的历史，虽有曲折，但总有发展，毕竟进入了一个新的时期。

十三、邓小平为《今晚报》题写报头

1984年7月1日，伴随着我国改革开放大潮，《今晚报》在天津创刊。《今晚报》是在解放初期《新生晚报》基础上建立起来的，1953年改称《新晚报》，1960年困难时期，当时的《新晚报》与《天津青年报》、《天津工人报》合并，更名为《天津晚报》。十年动乱中，《天津晚报》被迫停刊。1983年，随着中国晚报事业的复苏，"文革"中被迫停刊的《北京晚报》、《新民晚报》、《羊城晚报》相继复刊，中共天津市委于当年8月决定恢复《天津晚报》，并以《今晚报》名称于1984年正式创刊，派李夫筹备《今晚报》的创刊工作。

1984年3月23日，在《今晚报》社成立大会上，曾任中国晚报协会会长、《今晚报》主要创办人李夫提出，一定要按新闻规律办报，按市场经济规律经营，让报纸走向市场。"我们要把《今晚报》办成高格调的严肃的综合性的主流报纸。不当蓬雀，做鲲鹏。"改革创新的先进办报理念使《今晚报》一炮打响，《今晚报》自创刊一路走好，很快就与早已享誉全国的《北京晚报》、《新民晚报》、《羊城晚报》并称全国晚报"四大名旦"。二十多年来，《今晚报》发行全国，行销海外，并出版发行了美国版、欧洲版等10个海外版，入围世界报业协会2003年公布的"世界报业百强"。用《今晚报》人自己的话说："从艰苦走来，走向更加艰苦；从辉煌开始，迈向更加辉煌。"

创办一份报纸，报头至关重要。"汉魏有钟张之绝，晋末称二王之妙"。中国报纸多有翰墨题名之传承。我国四大晚报的《北京晚报》报头是毛泽东题字；广州《羊城晚报》报头是叶剑英题写；上海《新民报》报头是孙中山先生遗字。天津《今晚报》报头请谁来写呢？这个问题一直萦绕在李夫的脑海中，琢磨来琢磨去，觉得一般书法家难以胜任。因为《今晚报》的报头不单纯体现书法艺术，而是一张党报的报头。众所周知，《今晚报》的诞生，是改革开放的结果，如果没有党的

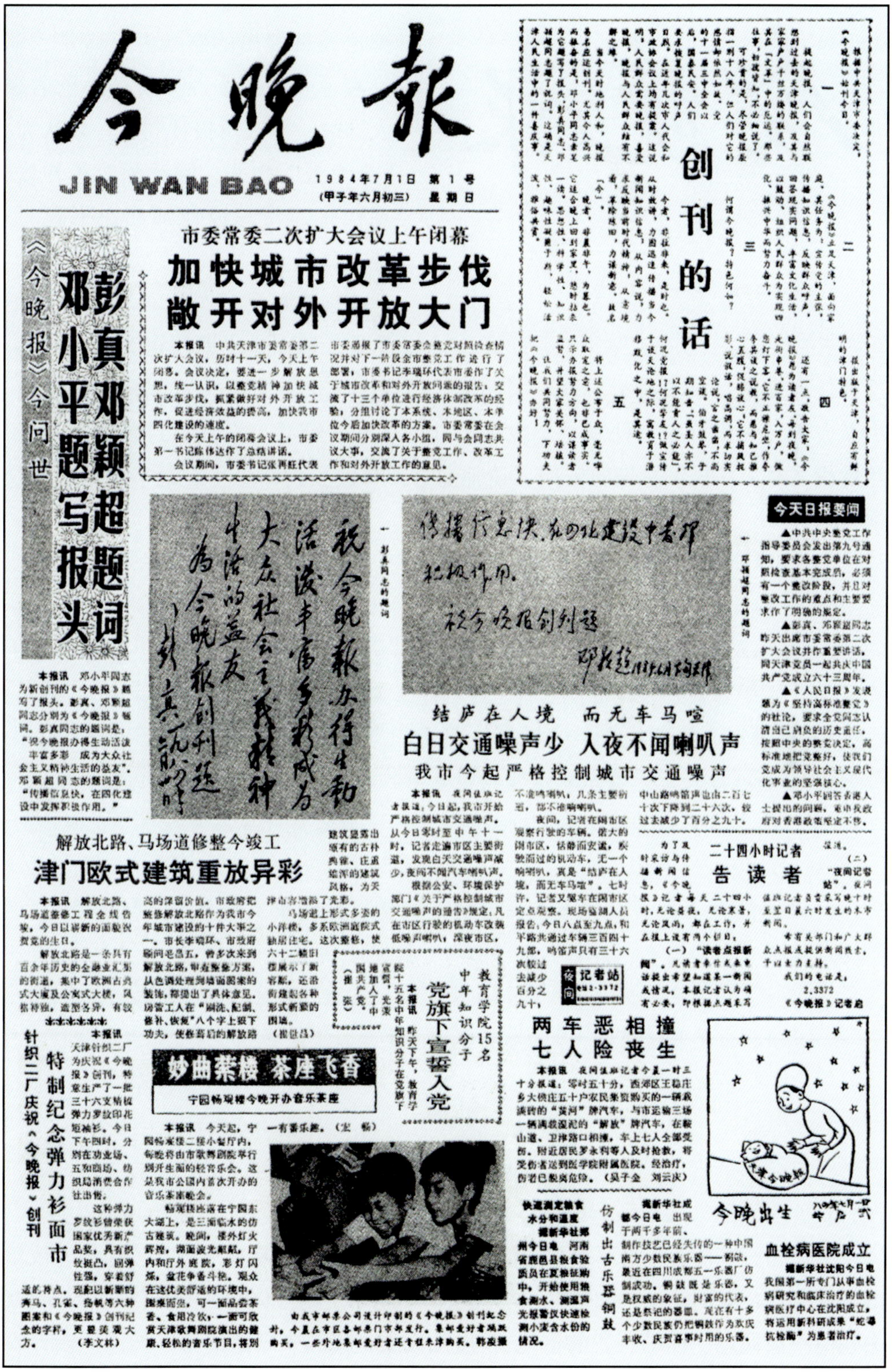

今晚报

JIN WAN BAO

1984年7月1日 第1号 (甲子年六月初三) 星期日

创刊的话

一

根据中共天津市委决定，《今晚报》创刊今日。

提起晚报，人们会自然联想到过去的天津晚报，及其与家家户户千丝万缕的联系，及其在「文革」中的厄运。那些往事，妇孺皆知，不必细说了。

可珍贵的是，尽管晚报被停刊十八年，但人们对它的感情却依然如故。党的十一届三中全会以后，国泰民安，人们要求恢复晚报的呼声日烈。在近年几次市人代会和市政协会议上均有提案。这说明，人民群众需要晚报，喜爱晚报，晚报与人民群众结有不解之缘。

当今天时地利人和，晚报易名应运创刊。尤其令人高兴的是，邓小平同志亲笔为它题写了报头，彭真同志、邓颖超同志题了祝词。这确是天津人民生活中的一件喜庆事。

二

《今晚报》立足天津，面向家庭，其任务为：宣传党的主张，传播知识信息，反映群众呼声，回答现实问题，丰富文化生活，以鼓动、组织人民群众为实现四化、振兴中华而努力奋斗。

三

何谓今晚报？特色何如？

今者，非往非来，是时也。从时效讲，力图迅速传播当今新闻知识信息，从内容说，力求反映当前时代精神，从意境看，革除陈旧，力谋新意。故名「今」。

晚者，非晨非午，为暮也。它适合晚上回到家里，悠时拈来一读。思想性、科学性、知识性、趣味性融于一炉，轻松活泼，雅俗共赏。

四

报出版于天津，自应有鲜明的津门特色。

还有一点，敬告大家，《今晚报》愿为读者友，每到夜晚，走街串巷，进百家，入万户，微息灯下言。它不正襟危坐，作冬冬共谈之说教，而愿与知己推心置腹，促膝谈心；它不搞装腔作势，说假话，唱高调，而求切实论说，言之当当，不尚空谈。[illegible]何况党报！？何况学友！？微宣传于谈笑论地之际，寓教育于潜移默化之中，是其志。

五

将上述公布于众，意无哗众取宠之意，也非已成事实，只示办报努力方向，以谋读者监督，并望大家关怀、培植。

让我们共同努力，下功夫把《今晚报》办好！

市委常委二次扩大会议上午闭幕

加快城市改革步伐 敞开对外开放大门

本报讯 中共天津市委常委第二次扩大会议，历时十一天，今天上午闭幕。会议决定，要进一步解放思想，统一认识，以整党精神加快城市改革步伐，抓紧做好对外开放工作，促进经济效益的提高，加快我市四化建设的速度。

在今天上午的闭幕会议上，市委第一书记陈伟达作了总结讲话。

会议期间，市委书记张再旺代表市委通报了市委常委会整党对照检查情况并对下一阶段全市整党工作进行了部署，市委书记李瑞环代表市委作了关于城市改革和对外开放问题的报告；交流了十三个单位进行经济体制改革的经验；分组讨论了本系统、本地区、本单位今后加快改革的方案。市委常委在会议期间分别深入各小组，同与会同志共议大事，交流了关于整党工作、改革工作和对外开放工作的意见。

《今晚报》今问世

彭真邓颖超题词 邓小平题写报头

本报讯 邓小平同志为新创刊的《今晚报》题写了报头。彭真、邓颖超同志分别为《今晚报》题词。彭真同志的题词是：“祝今晚报办得生动活泼 丰富多彩 成为大众社会主义精神生活的益友”。邓颖超同志的题词是：“传播信息快，在四化建设中发挥积极作用。”

——彭真同志的题词

——邓颖超同志的题词

今天日报要闻

▲中共中央整党工作指导委员会发出第九号通知，要求各整党单位在对照检查基本完成后，必须有一个整改阶段，并且对整改工作的难点和主要要求作了明确的规定。

▲彭真、邓颖超同志昨天出席市委常委第二次扩大会议并作重要讲话，同天津党员一起共庆中国共产党成立六十三周年。

▲《人民日报》发表题为《坚持高标准整党》的社论，要求全党同志认清自己肩负的历史重任，按照中央的整党决定，高标准地把党整好，使我们党成为领导社会主义现代化事业的坚强核心。

▲邓小平回答香港人士提出的问题，重申我政府对香港政策坚定不移。

结庐在人境 而无车马喧

白日交通噪声少 入夜不闻喇叭声

我市今起严格控制城市交通噪声

本报讯 夜间值班记者报道：今日起，我市开始严格控制城市交通噪声。从今日零时至中午十一时，记者走遍市区主要街道，发现白天交通噪声减少，夜间不闻汽车喇叭声。

根据公安、环境保护部门《关于严格控制城市交通噪声的通告》规定：凡在市区行驶的机动车改换低噪声喇叭，深夜市区，不准鸣喇叭，几条主要街道，都不准响喇叭。

夜间，记者在闹市区观察行驶的车辆。偌大的闹市区，恬静而安谧，疾驶而过的机动车，无一个响喇叭，真是“结庐在人境，而无车马喧”。七时许，记者又驱车在闹市区定点观察。现场监测人员报告：今日八点至九点，和平路共通过车辆三百四十九部，鸣笛声只有三十六次较过去减少百分之九十；中山路鸣笛声也由二百七十次下降到二十六次，较过去减少了百分之九十。

解放北路、马场道修整今竣工

津门欧式建筑重放异彩

本报讯 解放北路、马场道修整工程全线告竣，今日以崭新的面貌祝贺党的生日。

解放北路是一条具有百余年历史的金融业汇集的街道，集中了欧洲古典式大厦及公寓式大楼，风格特独，造型各异，有较高的保留价值。市政府把整修解放北路作为我市今年城市建设的十件大事之一。市长李瑞环、市政府顾问毛昌五，曾多次来到解放北路，审查整修方案，从色调处理到墙面图案的装饰，都提出了具体意见。房管工人在“刷洗、配制、修补、恢复”八个字上狠下功夫，使修葺后的解放路建筑显露出原有的古朴典雅、庄重浑厚的建筑风格，为天津市容增添了光彩。

马场道上形式多姿的小洋楼，多系欧洲庭院式独居住宅。这次整修，使六十二幢旧楼展示了新容颜，还沿街建起各种形式新颖的围墙。（崔世昌）

教育学院15名中年知识分子

党旗下宣誓入党

本报讯 昨天下午，教育学院十五名中年知识分子在党旗下宣誓，光荣地加入了中国共产党。（崔 张）

二十四小时记者告读者

为了及时采访与传播新闻信息，《今晚报》记者每天二十四小时，无论昼夜，无论寒暑，无论风雨，都在工作，并在报上设有两个栏目。

（一）“读者点报新闻”。凡读者希望采访某件事和希望知道某一新闻或情况，本报记者认为确有必要，即根据点题采写报道。

（二）“夜间记者站”。夜间值班记者负责采写晚十时至翌日晨六时发生的本市新闻。

希有关部门和广大群众点报或提供新闻线索，予以大力支持。

我们的电话是：2.3372

《今晚报》记者启

夜间记者站 电话2·3372

针织二厂庆祝《今晚报》创刊

特制纪念弹力衫面市

本报讯 天津针织二厂为庆祝《今晚报》创刊，特意生产了一批三十六支精梳弹力罗纹印花短袖衫。今日下午四时，分别在劝业场、五和商场、纺织局消费合作社出售。

这种弹力罗纹衫曾荣获国家优秀新产品奖，具有织纹挺凸，回弹性强，穿着舒适的特点。现配以崭新的奔马、孔雀、扬帆等六种图案和《今晚报》创刊纪念的字样，更显美观大方。（李文林）

妙曲萦楼 茶座飞香

宁园畅观楼今晚开办音乐茶座

本报讯 今天起，宁园畅观楼二楼小餐厅内，每晚将由市歌舞剧院举行别开生面的轻音乐会。这是我市公园内首次开办的音乐茶座晚会。

畅观楼座落在宁园东大湖上，是三面临水的仿古建筑。晚间，楼外灯火辉煌，湖面波光粼粼，厅内和厅外庭院，彩灯闪烁，盆花争香斗艳。观众在这优美舒适的环境中，避暑乘凉，可一面品尝茶香、食用冷饮，一面可欣赏天津歌舞剧院演出的健康、轻松的音乐节目，将别有一番乐趣。（宏 畅）

由我市邮票公司设计印制的《今晚报》创刊纪念封，今晨在市区各邮票门市部发行。集邮爱好者踊跃购买，一些外地集邮爱好者还专程来津购买。韩[illegible]摄

两车恶相撞 七人险丧生

本报讯 夜间值班记者今晨一时三十分报道：零时五十分，西郊区王稳庄乡大侯庄五十户农民集资购买的一辆载满砖的“黄河”牌汽车，与市运输三场一辆满载渣泥的“解放”牌汽车，在鞍山道、卫津路口相撞，车上七人全部受伤。附近居民罗永利等人及时抢救，将受伤者送到医学院附属医院。经治疗，伤者已脱离危险。（吴子金 刘云庆）

天津今晚报

今晚出生 八四年七月一日 华君武

快速测定粮食水分和温度

据新华社郑州今日电 河南省鹿邑县粮食验质员在夏粮征购中，开始使用粮食测水、测温声光报警仪快速检测小麦含水份的情况。

仿制出古乐器铜鼓

据新华社成都今日电 出现于两千多年前、制作技艺已经失传的一种中国南方少数民族乐器——铜鼓，最近在四川成都五一乐器厂仿制成功。铜鼓既是乐器，又是权威的象征，财富的代表，还是祭祀的器皿。现在有十多个少数民族仍把铜鼓作为欢庆丰收、庆贺喜事时用的乐器。

血栓病医院成立

据新华社沈阳今日电 我国第一所专门从事血栓病研究和临床治疗的血栓病医疗中心在沈阳成立，将运用新科研成果“蛇毒抗栓酶”为患者治疗。

《今晚报》创刊号

1984 年 5 月邓小平为《今晚报》题写报头

十一届三中全会，如果没有邓小平理论及其提出的路线方针政策，就没有《今晚报》。所以在物色名家人选时，李夫及报社同仁一致认为：《今晚报》报头，除我国改革开放、现代化建设总设计师邓小平题写，旁人莫属。

创意固然很好，可是回过头细思量，请邓小平题写报头谈何容易，这个任务又落在李夫身上。据李夫回忆，他先与《天津日报》总编辑石坚谋划，由李夫以《天津日报》社和《今晚报》社的名义，给邓小平写一封题字邀请函，然后找《经济日报》总编辑安岗，请他通过薄一波去约邓小平。题字邀请函是这样写的：

小平同志：

　　向您老人家问候！

　　十年动乱前，天津有一晚报，与《北京晚报》、上海《新民晚报》、广州《羊城晚报》齐称我国"四大晚报"，但在"文革"中统统被"砸烂"停刊了。三中全会以后，京沪穗三家晚报相继复刊，唯天津晚报未得复刊。近几年，天津人民要求恢复晚报的呼声越来越高，人大代表就此曾在市人代会上提出题案。

　　根据群众意见，天津市委最近决定恢复出版晚报，定名为《今晚报》。我们现在正积极筹备，计划今年"七一"出版。

　　您老人家非常关怀天津人民和天津工作，天津人民对您怀有特殊的深厚感情。因此，我们恳请您为《今晚报》提写"今晚报"报头三个字，以飨读者。

　　　　　　　　望复。敬祝健康长寿

　　　　　　　　　　天津日报社今晚报社

　　　　　　　　　　一九八四年三月八日

　　李夫和石坚带着写给邓小平的信去北京安岗家，安岗是天津老乡，他操着浓重的天津乡音，爽快地说"为这事，来个电话不就结了吗？你俩还跑嘛！明后天我就去找薄一波同志，你俩听我的信吧。"过几天后，安岗来电话说薄一波同志满口答应。过了一些时间，毫无音信，安岗打电话一问，才知道薄一波不在北京，到上海休养去了，一个月后才能回来。
急切之间，李夫又去找李瑞环市
长约邓小平，李瑞环就《今晚报》
报头之事给邓小平办公室王秘
书打了电话。一个月后薄一波从上
海回到北京。安岗再次催问，薄
一波说，他去上海之前，就和邓
小平同志说好了，没有问题。原
来是这样，大家只好放心等待。
到了 5 月 10 日，距创刊之日不到
两个月，《今晚报》社突然收到市
长李瑞环的秘书赵友华转来的公
函，拆开一看，在约两尺宽的一
张宣纸上，邓小平题写了"今晚
报"三个毛笔字。

《今晚报》大厦

《今晚报》如期创刊，在《今
晚报》创刊号上，还刊登了彭真
同志的题词："祝今晚报办得生动活泼，丰富多彩，成为大众社会主义精神生活的
益友。"邓颖超的题词："传播信息快，在'四化'建设中发挥积极作用。"

十四、毛泽东题写《人民邮电》经过

《人民邮电》报是信息产业部主办的全国性行业报，读者对象是全国广大邮电
职工。它的主要任务是结合邮电工作实际，宣传党和政府关于邮电通信方面的方针
政策；发布我国邮电部门的重要新闻；通过对先进典型的宣传报道，进行爱国主
义、集体主义、社会主义、共产主义思想教育，交流思想政治工作和业务工作的经
验；介绍国内外邮电企业经营管理和业务技术方面的新知识与新经验。

《人民邮电》报创刊于 1959 年 10 月 1 日，是由《人民邮电》杂志与《中国邮
电工人》报合并而来。《人民邮电》杂志由人民邮电出版社主办，于 1951 年 4 月 20
日创刊。《中国邮电工人》报由邮电部主办，于 1950 年 5 月 15 日创刊。《人民邮电》
报创刊时用的"人民邮电"是毛泽东的手书，但不是当时题写的，是 1948 年题写

的；也不是毛泽东原样题写的"人民邮电"四个字，而是三幅题字中剪贴而成。

毛泽东题写"人民邮电"有一段鲜为人知的经过：

1948年，随着解放战争的胜利，国民党政府行将灭亡，中央决定成立华北人民政府，同年12月10日，华北人民政府决定将"华北邮政总局"改为"华北邮电总局"，任命苏幼农为正局长，成安玉为副局长。当时，总局有一份由孙志平任主编的《邮讯》报，因为机关名称的改变，决定将《邮讯》报更名为《华北邮电》报。

革命形势一日千里，三大战役相继获胜，为了迎接全国解放，邮电部门开始培训干部，准备接管工作。这时华北邮电总局的领导决定出版一份面向全国行业的报纸，定名为《人民邮电》报。为了提高《人民邮电》报的影响力，拟请毛泽东主席题写报头。

孙志平根据总局领导的意图起草给毛泽东主席的信，由总局领导将信交给专为中央服务的西柏坡邮局局长赵卜一，当时为了保密，西柏坡邮局对外代号为"山河邮局"，因中央办公厅秘书处在平山县，且有一条滹沱河，故取"山""河"二字而成。赵卜一局长将信交到中办秘书处处长曾三手上，毛主席见到华北邮电总局的信后欣然题写了三幅"人民邮电"并在较为满意的第三幅字右上角画了圆圈。曾三将毛主席的题字交给了赵卜一，12月下旬，正好苏幼农局长到西柏坡办事，就高兴地将毛主席题字带回总局。

毛泽东为《人民邮电》题写报头

总局领导接到毛主席题字后交由孙志平保管。1949年1月31日，北平和平解放。同年2月6日，军代表成安玉率领接管人员进驻北平邮政管理局，迅速恢复各项邮政业务，至5月底基本接管完毕。1951年4月20日邮电部创办《人民邮电》杂志时，征得朱学范部长的同意，正式第一次使用毛主席题写的报头。

负责筹办《人民邮电》杂志的人民邮电出版社社长秦寄萍，接到任务后，在《人民邮电》杂志刊头制版前，认为毛主席圈定的第三幅"人民邮电"的"电"字不如第一幅写得好，于是就剪贴调换过来。1959年10月1日《人民邮电》杂志与《中国邮电工人》报合并正式出版《人民邮电》报时，又将杂志的刊头移作报纸的报头，一直沿用至今。《人民邮电》报已经是第二次使用毛主席题写的报头。

文化大革命期间，在极"左"思潮影响下，就毛主席"人民邮电"的题词出现了一场闹剧，"政治嗅觉"敏感的人将当年倡议、写信、保管和首先使用毛主席题字的几位邮政部门领导苏幼农、成安玉、孙志平、秦寄萍等，定罪为"篡改"毛主席题字，于是口诛笔伐大会小会连环批斗，无所不用其极。

因为"人民邮电"是毛主席的手书，人们见到已经是"修改"过的"人民邮电"四个熠熠生辉的大字依然是有感情的，至今全国各地邮电部门的大门、大楼、邮车上还使用毛主席题写的"人民邮电"四个大字。

"人民邮电"毛主席题字激励着我国邮电通信事业蓬勃发展。

第五章
报刊人与报刊

一、邓小平与报刊的不解之缘

邓小平光辉伟大的一生，贯穿整个20世纪，犹如一部壮丽辉煌的史诗，一幅波澜壮阔的画卷，一部高亢激越的乐章。在长达七十多年的革命生涯中，一生被打倒三次，又奇迹般地站起来，他曾为建立新中国创造了不朽的丰功伟绩，并在新的历史时期创立了邓小平理论，被赞誉为改革开放和社会主义现代化建设的总设计师，是当之无愧的世纪伟人。他改变了中国的命运，进而改变了世界的面貌。从现代传媒史中，我们发现邓小平与报刊的不解之缘。

早在20世纪20年代初邓小平在法国勤工俭学时，即与周恩来一道编辑出版油印的《少年》报，到1923年6月起又主编了由该报更名的中共旅欧总支部理论刊物《赤光》报。当时《赤光》报的办报条件很差，为油印本。年轻的邓小平又写、又编、又刻、又印，他的字迹端正，设计的版面亦清晰活泼，内容丰富，因而深受欢迎。当时周恩来及旅欧同志都戏称邓小平为"油印博士"。

1933年6月，中央军委总政治部主任王稼祥点名将邓小平调到总政治部工作，接替刚刚调到前线的杨尚昆任总政秘书长。后又被调任总政治部宣传部，同时负责主编中央军委机关报《红星报》，邓小平的办报才能进一步得到发挥。邓小平的女儿毛毛在《我的父亲邓小平》一书中曾专门提及邓小平的这段经历："父亲告诉过我们，他那时编《红星报》，手下只有几个人，很长时间只有两个人，所以从选稿、编辑、印刷到各种新闻、文章的撰写，都要他自己亲力亲为，那些手写的标题，是他写下后，由别的同志在木头上刻下字模，再印到报纸上去的。父亲说，《红星报》许许多多没有署名的消息、新闻、报道乃至许许多多重要的文章、社论都出自他的笔下。我曾经把中央档案馆汇集的《红星报》册拿给他看，请他辨认哪些文章是他写的，他手一挥说：'多着呢，谁还分得清楚'。"

《红星报》创刊于 1931 年 12 月。当时《红星报》与中华苏维埃政府办的《红色中华报》、中共中央政治局办的理论刊物《斗争》合称为"两报一刊"。《红星报》的办报宗旨在创刊时的《见面话》说得十分清楚："它是一面大镜子，凡是红军里一切工作和一切生活的好处坏处，都可以在它上面看得清清楚楚。它是一架大无线电台，各地红军的战斗消息，地方群众的战斗消息，全国全世界工人农民的生活情形，都可以传到同志们的耳朵里。它是一个政治工作指导员，可以告诉同志们一些群众工作方法……总之，它担负很大的任务，来加强红军里一切政治工作，提高红军的政治水平线，文化水平线，实现中国共产党苏区代表大会的决议，完成使红军成为铁的任务。"

《红星报》作为中央军委的喉舌，登载了许多党中央、中央军委的决议和命

邓小平为《重庆日报》题词

令。毛泽东、周恩来、朱德、博古、洛甫、王稼祥、李维汉、罗荣桓、聂荣臻、陈云、杨尚昆、贺昌、左权等党政军领导人均在报纸上发表过文章和社论。特别是关于毛泽东的文章，邓小平曾专门前往毛泽东居住的沙洲坝处约稿。

《红星报》为一张四开报纸，每期约 3 万字。邓小平在《红星报》上先后创办了17 个栏目，有指导学习革命理论的"列宁室"，有提高军事战斗力的"军事常识"，有丰富生活内容的"俱乐部"，有提高卫生水平的"卫生常识"等专栏。邓小平为办好这张报纸倾注了极大精力。

1934 年 10 月，邓小平率《红星报》随总政治部机关开始了二万五千里长征。在艰难的长征途中，邓小平克服了种种困难，仍然坚持出版《红星报》七八期。1935 年 1 月，邓小平被任命为中央秘书长，并参加了著名的遵义会议，邓小平从此离开《红星报》。

邓小平十分重视和关心报纸在革命和国家建设与改革开放中的作用，并挥笔题书了大量的报名。最早的除《少年》报、《赤光》报外，主要有：1952 年的《重庆

1980年5月26日邓小平为《辅导员》杂志题词

日报》，1958年的《锦西县报》、《盖平县报》、《盖平日报》等报报名。题写最多的是在改革开放以后。1980年的《农民日报》，1983年的《中国教育报》、《人民政协报》、《人民武警报》、《国际商报》，1984年的《农村青年》、《青年报》、《今晚报》、《经济日报》、《开发报》、《太行日报》、《中国妇女报》，1986年的《科技日报》，1987年的《中国体育报》，1989年的《中国海洋报》、《中国老年报》、《中国初中生报》，1990年的《锦西日报》、《经济参考报》，1991年的《中国检察报》、《新疆经济报》，1994年的《中国改革报》等。由邓小平题写报名的还有《人民工兵报》、《自贡日报》、《黄山日报》、《海南日报》、《济南日报》、《齐鲁晚报》、《经济晚报》、《经济早报》、《战友报》、《华声报》、《中国专刊报》、《中国人口报》、《金融时报》、《贵州经济报》、《齐鲁周报》、《特区文摘》报等近百家报刊名。邓小平的报刊书法不仅是书法艺术中的珍品，而且也是人们学习研究党史、新闻史、报刊史等的重要史料。

二、瞿秋白志向做报人

瞿秋白从外表看，完全像一个文弱书生，清逸隽秀，并长年患有严重的肺病。青年时的志向只是做一个报人和学者，然而革命大潮却一度把他推到中国共产党临时政治局主持人、党的主要领导者位置上。其间，既留下了光辉的业绩，也因时代和自身的局限犯过盲动错误。瞿秋白作为一个具有独立思想的知识分子，生长在苦难的中国。他想借用外来的"天火"燃烧并改变整个中国。"五四"运动时期，他最欣赏俄国无政府主义者克鲁泡特金的名言：一次暴动胜于数千百万册书报，打消了他做报人的梦想。然而命运多变，中国共产党创办的第一份日报《热血日报》与他结缘。

中国共产党成立后，除先后创办了第一份政治机关刊物《向导》，理论刊物《新青年》、《前锋》外，还相继领导创办了一批地方机关报和群众报刊，如《政治生活》、《先驱》、《中国青年》、《工人周刊》、《中国工人》、《中国学生》、《妇女声》。这些报刊中有周报，有半月刊、月刊，还有季刊，却没有一个能够每天与读者见面的日报。1925年5月30日，五卅惨案发生后，面对帝国主义新闻宣传机器的造谣和诬蔑，中国共产党人感到，必须加强革命报刊的宣传工作，决定创办一份自己的日报。《热血日报》就这样诞生了。

《热血日报》创刊于1925年6月4日，4开4版，内容十分丰富。设有"社论"、"本埠新闻"、"国内要闻"、"国际要闻"、"紧急消息"、"舆论之裁判"等栏目。副刊"呼声"，主要刊载小言论、杂感、小通讯及文艺等。瞿秋白负责筹办并主编，郑超然、沈泽民、何味辛三人参加编辑出版工作。瞿秋白在创刊词中说："创造世界文化的是热的血和冷的铁，现世界强者占有冷的铁，而我们弱者只有热的血，然而我们心中果然有热的血，不愁将来手中没有冷的铁，热的血一旦等到冷的铁，便是强者之末运。"《热血日报》就是以热的血来代表共产党人为追求真理的英勇无畏的献身精神。报纸的第一篇社论就是根据中共中央《为反抗帝国主义野蛮残暴的大屠杀告全国民众书》精神而写的《外国屠杀政策下之反抗运动方针》，提出废除不平等条约，取消帝国主义在中国之特权，是当前解决问题的根本。

《热血日报》坚定的立场、丰富的内容、活泼的形式、生动的文字和有力的评论，使之深受广大群众的欢迎和支持。出版至第10期，就发行了3万份，群众来信投稿"日以百计"。《热血日报》从创刊之日起，就遭到租界当局的多方刁难，瞿秋白曾被英租界工部局下令通缉。该刊于6月27日被迫停刊，共出版了24期。《热血日报》虽然生存时间很短，不到一个月，但它在民众的心里和反帝爱国斗争中所发挥的作用不可低估，同时也是中国新

瞿秋白

民主主义新闻史上重要的一笔。

瞿秋白在创办和主编《热血日报》期间，亲自执笔撰写了大量文章。瞿秋白既是政治家，又是文化人，对报纸并不陌生。早在 1920 年，他曾作为《晨报》特派记者赴苏联考察，并以自己的真知灼见写下了《饿乡纪程》和《赤都心史》两本通讯集，歌颂十月革命。他取俄文名字"维克多尔·斯特拉霍夫"，译成汉语即"战胜恐惧，克服困难"之意。他在党内是第一个尝试用马克思主义研究中国社会政治经济、研究中国革命的一般性和特殊性的人，也首次把辩证法与唯物论、把辩证唯物主义与历史唯物主义作为整体来宣传。

瞿秋白在党内素有才子之称，是第一个把《国际歌》正式译成中文的人。1920 年，瞿秋白旅俄途经哈尔滨时，在参加俄国人庆祝十月革命 3 周年大会上首次听到此歌。1923 年春夏之交，瞿秋白把这首歌译成汉语。此前，虽有耿济之、郑振铎以《第三国际党颂歌》之名对此歌歌词作过翻译，却因没有附曲无法传唱。瞿秋白将从法文译来的歌词和简谱发表在 1923 年 6 月的《新青年》复刊号上，《国际歌》才在社会上传唱起来。现行的中文《国际歌》歌词由萧三于 20 世纪 60 年代初再译定稿，但其中"英特纳雄耐尔"一词保持音译不变首创于瞿秋白。据囚禁瞿秋白的国民党师长宋希濂从战犯管理所被特赦后回忆说，瞿秋白临刑前唱起了自己翻译的《国际歌》，英勇就义。

瞿秋白从青少年起便喜好写作，1931 年离开党的领导工作岗位后，参加并领导了上海的左翼文化运动，自己也有大量创作、翻译和论著，他与茅盾、夏衍、鲁迅等著名作家有亲密的友谊。鲁迅曾赠他一幅立轴："人生得一知己足矣，斯世当以同怀视之。"两人的杂文堪称"又璧"，人称瞿文似照妖镜，鲁文像解剖刀。在国民党当局搜捕下，瞿秋白有 12 篇杂文以鲁迅为笔名发表，《鲁迅杂感选集》也由瞿秋白选编并作序。在中国 20 世纪 30 年代的左翼文化运动中，瞿秋白给我们留下了丰富的文学遗产。

三、一代报业巨擘以身殉报

1986 年 7 月 1 日，浙江省金华市婺州公园，中国第一座新闻记者铜像落成揭幕。一代报业巨擘邵飘萍半身铜塑像，由上海大学美术学院雕塑系主任章永浩设计，高 95 厘米，宽 110 厘米，安放在高 150 厘米的花岗岩基座上，邵飘萍身穿中式袍褂，鼻架金丝眼镜，右手持一摞《京报》，沉思地凝视着前方。人物造型俊逸潇洒、气宇不凡。铜像基座的正面，镌刻着陆定一同志的题词："邵飘萍烈士纪念碑"，基座的背面，著名新闻史学家方汉奇教授为邵飘萍烈士撰写了纪念碑文。铜像的树立表达了后人对他的敬仰之情和怀念之意。

邵飘萍 14 岁中秀才，时人誉为"有鬼神莫测之机"。1912 年创办《汉民日报》，因批判袁世凯专制独裁，连续三次被捕。后流亡日本，组织东京通讯社。1916 年回国，同时任《申报》、《时报》、《时事新报》主笔。1918 年创办《京报》，因揭露曹汝霖、陆宗舆、章宗祥卖国罪行，报社被封，再度流亡日本。1920 年回国复刊《京报》，后因同情革命，主持正义，1926 年遭奉系军阀杀害，终年 40 岁。

邵飘萍

被誉为新闻界"全才"，一生才华横溢，办报取得巨大成功的邵飘萍，以"新闻救国"为理想。他曾说："余百无一嗜，惟对新闻事业乃有非常趣味，愿终生以之。"邵飘萍一生最后的八年，是与《京报》的命运联系在一起的。1918 年 10 月 5 日，具有启蒙色彩的《京报》在北京前门外的三眼井胡同诞生。这份以"以使政府听命于正当民意之前"为宗旨的报纸在其发刊词《本报因何而出世乎》中说："民国以来，军阀所为者俱为祸国殃民，今则必须国民共起，志同道合，协力除之！"秉承此意，邵飘萍特书"铁肩辣手"以明志。这句取于明代杨椒山临刑诗句"铁肩担道义，辣手著文章"中的四字，最终也像符咒一样，伴随着邵飘萍走完困厄、流亡、缉捕、囚禁直至被杀戮的一生。国民党著名将领冯玉祥曾经这样赞誉邵飘萍："主持《京报》，握一支毛锥，与拥有几十万枪支之军阀搏斗，卓越英勇，只知有真理，有是非，而不知其他，不屈于最凶杀的军阀之刀剑枪炮，其大无畏之精神，安得不令全社会人士敬服！"

邵飘萍"一支笔"报界远近闻名，其文章辛辣、诙谐生动、尖锐无比，尤其是他对时局惊人的洞察力常常使人暗暗称奇。他为人慷慨豪侠、穿戴讲究、爱讲排场，经常在酒宴宾客、觥筹交错之际完成重要新闻的采访。当时的京畿大官对记者报社普遍避之唯恐不及，而独邵飘萍却能使他们不得不见，见后又不得不谈。

第一次世界大战爆发后，北洋政府想参战又怕民众反对，段祺瑞政府为了封锁消息以防引出麻烦，下令属下部门停止会客三天。北平的报界记者束手无策，邵飘萍急中生智，借来总统府牌照的汽车，驱车来到段祺瑞执政府地，他递上《京报》

《京报》

社长"的名片，要求卫兵禀报一声。卫兵告之，三日之内段总理不会客。这时邵飘萍掏出早已准备好的1000元，先递与卫兵500元，说："总理见不见没关系，只要你给禀报一声，这500元就归你了。万一总理见了我，再送你500元。"卫兵见无不妥，拿着名片进去禀报。不一会儿，就高兴地出来告诉邵飘萍，段总理同意见了。邵飘萍将剩余的500元送予卫兵表示感谢，进了段祺瑞执政府。邵飘萍向段祺瑞保证，3天之内如在北京走漏消息，自己甘愿受罚，段祺瑞才将中国决定参战的消息告诉了邵飘萍。可是段祺瑞万万没有想到，邵飘萍前脚出门，后脚进了电报局，将此消息发送到上海，上海报界将此消息发表出来。上海的报纸运到北京，已经是四天之后的事了。段祺瑞恼羞成怒，但也知理亏，便记恨在心。

1926年3月18日，北京数千人在天安门广场举行反帝爱国集会，会后进行了示威游行，并到段祺瑞执政府前进行请愿。段祺瑞竟然下令向手无寸铁的群众开枪，制造了震惊全国的"三一八"惨案。邵飘萍连夜写下了讨段檄文，愤怒地抨击段祺瑞屠杀民众的罪行。4月22日，邵飘萍在《京报》上发表了最后一篇文章《飘萍启事》："鄙人至现在止，尚无党籍（将来不敢予定），既非国民党，亦非共产党。各方师友，知之甚悉，无待声明。时至今日，凡有怨仇，动辄以赤化布党诬陷，认为报复之唯一时机。"4月24日，京师警察厅以"勾结赤俄，宣传赤化，罪大恶极，实无可恕"的罪名，将邵飘萍逮捕下狱。4月26日清晨，邵飘萍被秘密押赴天桥刑场，从容就义，《京报》被查封。为了继承先夫的遗志，汤修慧女士曾于1928年6

月 12 日将《京报》再次复活出版，直到 1937 年 7 月 28 日停刊。邵飘萍死后，报界纷纷刊载他的消息以示纪念，北京的《世界日报》于头版大字标题："邵飘萍以身殉报"。

壮哉！一代报业巨擘以身殉报。

四、落落乾坤大布衣与"竖三民报"

2007 年 8 月，陕西省三原县于右任故居，举行了于右任铜像安放仪式。各界集资铸造的铜像于右任布鞋长衫，长髯飘飘，气宇轩昂，凝神注目远方。早年于右任为这座老宅题诗的手迹就挂在故居的墙壁上："堂后枯槐更着花，堂前风静树阴斜，三间老屋今犹昔，愧对流亡说破家。"

于右任是近代民主革命先驱，爱国诗人，国民党元老，又是一代书法大师。于右任于 1879 年出生于陕西三原县，23 岁中举人，曾因讥讽西太后被朝廷拘捕。1904 年逃至上海，参与创办复旦大学、中国公学和上海大学。青年时代加入同盟会，追随孙中山投身民主革命。曾在上海先后创办《神州日报》、《民呼日报》、《民吁日报》、《民立报》，大力宣传民主进步思想，揭露清廷的黑暗和社会弊端，鼓励民众革命。《民呼日报》、《民吁日报》和《民立报》是我国资产阶级革命派的著名报纸，被后人合称为"竖三民报"。

《神州日报》于 1907 年 4 月 2 日在上海创刊，后因突遭意外大火焚劫，致使元气大伤。对办报情有独钟的于右任启事，"鄙人去岁创办《神州日报》，因火后不支退出，未竟初志。今特发起此报，以为民请命宗旨，大声疾呼，故曰'民呼'。辟淫邪而振民气，亦初创神州之志也。"《民呼日报》于 1909 年 5 月 15 日在上海创刊，其创刊《宣言》称："《民呼日报》者，炎黄子孙之人权宣言书也。有世界而后有人民，有人民而后有政府；政府有保护人民之责，人民亦有监督政府之权。政府而不能保护其人民，则政府之资格失；人民而不能监督政府者，则人民之权利

于右任

《民呼日报》

《民吁日报》

《民吁日报》

134

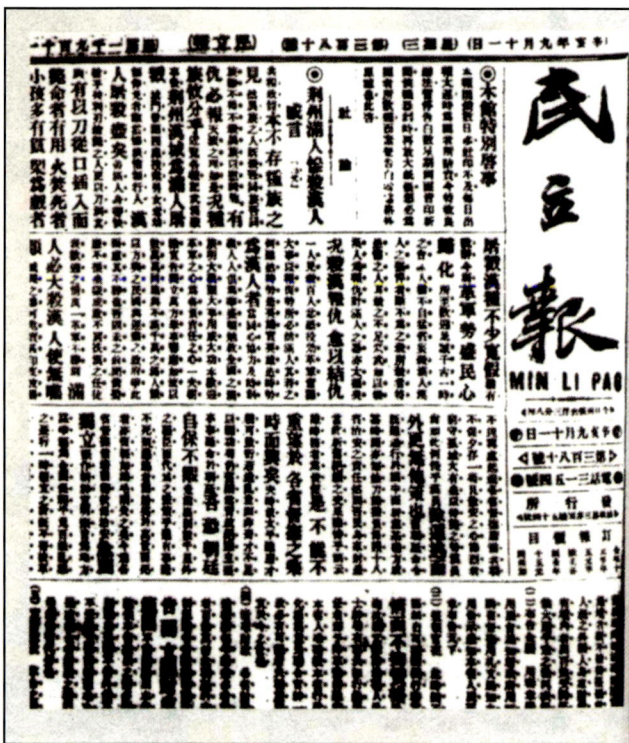

《民立报》

亡。"于右任因揭露和鞭伐清廷官场的黑暗，被拘捕入狱，《民呼日报》被迫停刊，刊登与读者告别书："呜呼！民呼报何不幸有今日耶？今日何日？而为民呼报及阅者诸君暨天下同胞长别之日耶。虽然长别者，民呼日报之名义耳。不死者，民呼日报者之灵魂也。"《民吁日报》于1909年10月3日在上海创刊，《民吁日报》的"出生广告"颇有讽刺意味："本社近将《民呼日报》机器生财等一律过盘，改名《民吁日报》。以提倡国民精神，痛陈民生利病，保存国粹，讲求实业为宗旨。仍设上海望平街160号内，即日出版。"《民呼日报》摇身一变而成《民吁日报》，是民权的抗争，是民主的示威。《民吁日报》只创办48天，又遭扼杀。于右任执著追求，锲而不舍，于1910年10月11日在上海又创办了第四张报纸《民立报》。《民立报》发刊词称："是以有独立之民族，始有独立之国家，有独立之国家，始能发独立之言论。再推而

晚年于右任

言之，有独立的言论，始产生独立的民权，有独立之民权，始能卫其独立之国家。言论也，民权也，国家也，相依为命，此伤则彼亏，彼倾则此不能独立者也……"孙中山对《民立报》为国民革命作出的贡献一直称许有加，为于右任和报社题词："戮力同心。"毛泽东在26年后于延安对美国记者斯诺谈及《民立报》时说："在长沙我第一次看到《民立报》，这是一种民族革命的日报。登载着广州反对满清的起义和72烈士的殉难消息。这件事是一个叫黄兴的湖南人领导发动的。我被这件事深深地感动了，觉得《民立报》充满了富于刺激

性的材料。这报是于右任主编的。"周恩来称赞他是国民党内有识之士。

于右任曾希望留在大陆，迎接解放，但被蒋介石挟持去了台湾，仍担任有职无权的监察院院长。身为国民党监察院长的于右任，生活俭朴，家里除文房四宝外，没有一件像样的东西，身上穿的是土布袍子，鞋袜也是土布做的。于右任曾对人说："我生平没有钱，年轻时以教书为主，现在仅拿公务员的薪水，所有办公费、机密费一概不受。袋里从不带钱，身上只有一个褡裢袋。别人的袋子是放银子的。我的褡裢袋只放两颗图章。"他曾书嘱蒋经国："计利当

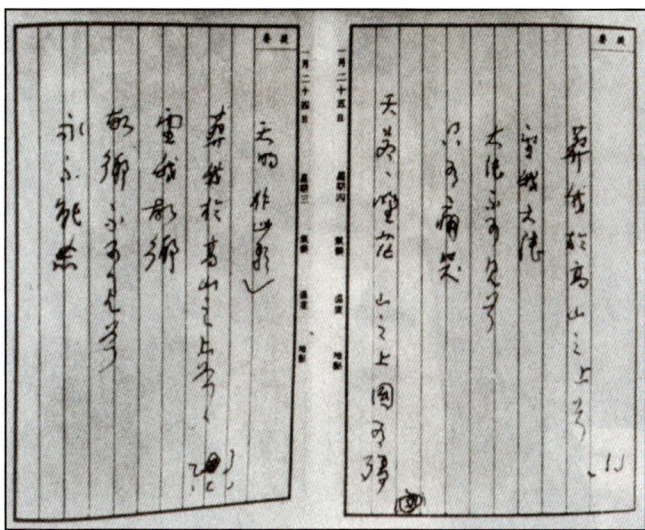
于右任 1962 年 1 月 24 日日记

计天下利，求名应求万年名。"一生高官的于右任始终注重名节，两袖清风。1964年11月10日晚8点8分，于右任在台北荣民医院病故，终年86岁。"三间老屋一古槐，落落乾坤大布衣。"这是后人对于右任的评价。

晚年独居台湾的于右任，渴望叶落归根，人归故里，他深念大陆亲人，抑郁苦闷，无以释怀。1962年1月12日，他在日记中写到："我百年之后，愿葬玉山或阿里山树木多的高处，山要高者，树要大者，可以时时望大陆。我之故乡是中国大陆。"之后不久，1962年1月24日于右任写下了情激山河的诗作《望大陆》：

葬我于高山之上兮，望我大陆；大陆不见兮，只有痛哭。

葬我于高山之上兮，望我故乡；故乡不见兮，永不能忘。

天苍苍，海茫茫，山之上，国有殇。

这是于右任眷恋大陆家乡所写的哀歌和千古绝唱，其怀乡思国之情溢于言表。国务院总理温家宝，在首届新上任后的首次中外记者会上回答台湾记者对两岸关系的看法时，即引用了于右任的诗《望大陆》，令所有在场的人为之动容。

五、蜚声报坛储安平的人生悲剧

20世纪40年代上海的《观察》时事政治性周刊，为中国民主化呼号，在全国影响巨大，名噪四方，也是其创办人储安平一生中最闪光的亮点。单从发行量上看，在创刊短短不足三年的时间里，《观察》的发行量就达到了105000份，并且出版了西北航空版和台湾航空版，直接读者订户就有12000份，读者群在百万人左右，这样的发行量在当时是很可观的数字，读者包括学界、政界、军界以及工商等许多行业。对中国政局、战局、经济、文化和社会问题都有广泛而深刻独到的评论。

《观察》主编储安平在发刊词《我们的志趣与态度》中阐明"抗战虽然胜利，大局愈加混乱。政局激荡，经济凋敝，整个社会，已步入崩溃的边缘；全国人民，无不陷入苦闷忧惧之境。在这种局面之下，工商百业，俱感窒息，而文化出版事业所遇到的困难，尤其一言难尽。言路狭窄，放言论事，处处顾忌；交通堵塞，发行推销，备受限制；物价腾涨，印刷成本，难于负担；而由于多年并多种原因造成的弥漫于全国的那种麻痹、消沉、不求长进的风气，常常使一个有尊严有内容的刊物，有时竟不能获得广多的读者。在这样一个出版不景气的情况下，我们甘受艰苦、安于寂寞，不畏避可能的挫折、恐惧甚至失败，仍欲出而创办这样一个刊物，此不仅因为我们具有理想，具有热忱，亦因我们深感在今日这样一个国事殆危、士气败坏的时代，实在急迫需要有公正、沉毅、严肃的言论，以挽救国运、振奋人心。只是公开的陈述和公开的批评，而非权谋或煽动。民主、自由、进步和理性。在这一个刊物上面，我们容纳各种不同的意见。我们尊重独立发言的精神。每篇文章各由作者负责。而在本刊发表的文字，其观点论见，并不表示即为编者所同意者。这个刊物是一个发表议论的刊物，然而决不是一个政治斗争的刊物。"

《观察》创刊号

　　《观察》为了推动民主运动，储安平前后联络了78位《观察》撰稿人，将中国当代大学者网络殆尽，展现了他的博大胸怀和开阔视野。胡适、傅斯年、梁漱溟、梁实秋、冯友兰、费孝通、钱钟书、朱自清、卞之琳、胡先骕、高名凯等都是重要撰稿人。如梁漱溟的《中国文化特征之研究》、张锐的《论中国的官僚制度》、朱自清的《论朗诵诗》、潘光旦的《人文学科必须东山再起》、高名凯的《中国语言之结构及其表达思想之方式》等在《观察》上刊载后影响很大。费正清主编的《剑桥中华民国史》认为："主要的中文时事评论期刊是上海出版的《观察》周刊，由于该刊可靠的军事联系，也被认为是这个时期有关战争发展的少数可利用的资料来源之一。"余应时在《钱穆与中国文化》中对《观察》的评价更高，"当时对知识分子影响较大的刊物大概要算《观察》杂志。《观察》的基本立场是西方自由主义，大体上可以看做五四主流思潮的延续。这四五年，部分由于政治形势变化得太快，青年一代知识分子的思想激化也大有一日千里之势。《观察》的温和稳健立场，包括其中费边社会主义的倾向，并未能缓和激进化的历程。不过《观察》所揭示的民主、自由、宪法等观念还是为日后知识分子留下了思想的种子。"

《观察》对国民党的腐败揭露无遗，批评尖锐，毫不留情，自然危及当局。1948年12月24日，国民政府下令对《观察》予以永久停刊处分，罪名为："攻击政府，讥评国事，为匪宣传，扰乱人心，实已违反动员戡乱政策。"《观察》从1946年9月1日出版创刊号，到1948年12月出至第5卷第18期，存在不足3年，但其影响是无法估量的。而储安平也因创办《观察》而成蜚声报坛的风云人物。

储安平1909年清朝末年出身于江苏宜兴名门望族，出生后六天丧母，14岁丧父，依赖祖母扶养，自己在艰苦的困境中闯荡，养成了吃苦耐劳、节俭朴素和执著自信、特立独行的性格。1932年毕业于上海光华大学新闻系，24岁涉足新闻报刊界，先后在南京《中央日报》任副刊编辑，在桂林《力报》任主笔，在湖南辰溪《中国晨报》任主笔，在重庆创办《观察》周刊，在上海创办《周刊》。新中国成立后，经周恩来同意于1949年11月《观察》复刊，1957年4月，由胡乔木推荐和章伯钧邀请，任《光明日报》总编辑。1957年6月1日，储安平应邀出席中央统战部召开的党外人士整风座谈会，会上作了"党天下"的发言，并于第二天以《向毛主席和周总理提些意见》为标题，在《人民日报》和《光明日报》等中央各大新闻媒体全文刊载，全国轰动。1958年1月，储安平被戴上了反党反人民反社会主义的资产阶级右派分子帽子，成为无产阶级专政对象。

1966年文化大革命开始，在"横扫一切牛鬼蛇神"的口号下，一次又一次的批斗，一遍又一遍的抄家，一顿又一顿的毒打，储安平万念俱灰，留下"五十六年，只欠一死，经此事变，义无再辱"的遗书，踏上了一条永远的不归路，从此销声匿迹，从人间彻底蒸发，时年57岁，蜚声报坛的风云人物走进了历史。

六、真理往往掌握在少数人手里

1957年春寒料峭，共产党发动全民帮助整风，全国春风和煦一片升平。然而，一股政治寒流的涌动，善良的老百姓不知道一夜间的变化突如其来。5月15日，毛泽东写下《事情正在起变化》一文，指出右派分子正在借整风之机向党猖狂进攻。6月8日，《人民日报》发表社论《这是为什么？》，标志着轰轰烈烈的反击右派斗争的开始。7月5日，《人民日报》全文刊登了北大校长马寅初的《新人口论》，紧接着毛泽东撰写了文章《介绍一个合作社》发表在《红旗》杂志上，文中："……除了党的领导之外，六亿人口是一个决定的因素。人多议论多，热气高，干劲大。"一句话，敏感的人们对号入座联想到"新人口论"的某些观点，人们担心马寅初和他的《新人口论》命运难卜。

果然不出人们的预料，马寅初和他的《新人口论》就此被推上审判席，《新人口论》成了"大毒草"，马寅初成了批斗的靶子。在北京大学举办六十周年校庆，陈伯达出席并作纪念讲话时，用不好听懂的闽南话突然向坐在主席台上的马寅初厉声说："马寅初要对他的《新人口论》作出检讨"，不好听懂的闽南话，师生们多数没有听清，然而，马寅初是真真切切听清楚的，但他望着陈伯达，态度坚定自若，一言不发。

《新建设》

上面的声音难违，批判《新人口论》的斗争一浪高过一浪，赶来督阵的康生恶狠狠地说："马寅初曾经说过，有人说他是马尔萨斯主义者，但他不能同意。他说马尔萨斯是马家，马克思也是马家，而他是马克思的马家。马寅初的《新人口论》，到底是姓马克思的马，还是马尔萨斯的马？我看这个问题，现在到了该澄清的时候了。我认为马寅初的《新人口论》，毫无疑问是属于马尔萨斯的马家！"康生施加淫威，欲置马寅初于死地。可是话音刚落，马寅初就走向讲台拿起话筒，不慌不忙、不紧不慢、当场斩钉截铁地回敬道：我马寅初是马克思的"马"家！

面对被打成"右派分子"的政治压力，面对北大校长被罢官的打击，面对被批判斗争、甚至坐牢的危险。马寅初在《新建设》刊物上登出《重申我的请求》，公开宣布："我接受《光明日报》开辟一个战场的挑战书。这个挑战是很合理的，我当敬谨拜受。我虽年近80，明知寡不敌众，自当单身匹马，出来应战，直至战死为止，绝不向专以力压服，不以真理说服的那种批判者们投降。"

马寅初的不妥协，周恩来出面说："马老啊，你比我年长16岁，你的道德学问，我是一向尊为师长的。1938年的你我在重庆相识，成了忘年之交，整整有二十年了啊。人生能有几个二十年呢？这次你就应我一个请求，对你的《新人口论》写份深刻的检讨，不妨从你的家庭出身、西方教育等方面入手，检讨了，你好，我好，大家都好，也算过了一关。"马寅初恐怕招致误解，辜负了朋友的一番好意，考虑再三，最后在《新建设》刊物上公开撰文《对爱护我者说几句并表示衷心的感谢》：

马寅初

马寅初在北京的故居东总布胡同 32 号宅院

"最后我还要对另一位好朋友表示感忱，并道歉意。我在重庆受难的时候，他千方百计来营救我；我 1949 年自香港北上参政，也是应他的电召而来。这些都使我感激不尽，如今还牢记在心。但是这次遇到了学术问题，我没有接受他的真心诚意的劝告，心中万分不愉快，因为我对我的理论有相当的把握，不能不坚持，学术的尊严不能不维护，只得拒绝检讨。我希望我这位朋友仍然虚怀若谷，不要把我的拒绝检讨视同抗命则幸甚。"马寅初的拒绝则认定，学术贵乎争论，真理愈辩愈明。在一次关于人口问题的大会上，马寅初说："大家可以不同意我的意见，我也可以暂时收回发言稿件。但我认为，我的意见和主张是正确的，并不因为大家反对，我就改变自己的观点和主张。我将对这一个问题继续进行调查研究，对自己的发言再行补充完整，下次人大会上，还将提出。"

马寅初不向压力低头，他坚持自己的理论："我们的社会经济是计划经济，如果不把人口列入计划之内，不能控制人口，不能实行计划生育，那就不成其为计划经济。"然而，马寅初在近 80 高龄之际遭受重厄，不得不离开北大校长的位置，不得不接受铺天盖地的批判斗争，不得不躲进自己在京城东总布胡同的小院，自吟"大江东流去，永远不回头！往事如烟云，奋力写新书！"因为无私无畏，所以马寅初面对挫折放言"不怕冷水浇，不怕油锅炸，不怕撤职，不怕坐牢。更不怕——死！"

三十年河东，三十年河西。马寅初竟以百岁高龄，重新出山，《新人口论》重见天日，可是中国付出了代价，人民付出了代价。有一种思想，因为其领先百家，超越时代，所以常常要等到几十年，甚至几百年，才被后来者逐渐认识，为时代所接纳，但付出的代价是惊人的。布鲁诺的生命还原了认识宇宙的本来面目，马寅初与他的人口理论还原了人类对自身认识的本来面目。

马寅初的理论值得我们骄傲。马寅初的人格更值得我们尊敬！

七、华裔传媒女王的报业梦

谁也不会否认，美国是当今世界上最先进、最繁荣、最发达的国家；然而，谁也更不会否认，移民是美国先进、繁荣、发达的创造者。美国的移民来自欧洲、亚洲、非洲，来自世界各个角落，中国的方李邦琴就是移民中的一员。美国前总统乔治·布什在为《方李邦琴传记》一书所作的序言中写道："美国是移民在一片土地上建设家园、开拓生活的一个童话。方李邦琴的故事就是这童话中的一章。"

美国是一个鼓励不断创新、努力奋斗实现人生自我价值的国家，也是一个尊重为社会繁荣进步做出贡献的国家。为了表彰方李邦琴在促进美国繁荣进步和提高华人在美国的地位方面的贡献，2000年9月8日，旧金山市市长威利·布朗向方李邦琴颁布了"杰出华人奖"，并且宣布这一天为"方李邦琴日"。对于方李邦琴的成功，最感到扬眉吐气、欢欣鼓舞的当是这里的华人和华裔社区。

方李邦琴这位杰出的华人，她用自己的成功，改写了一段历史。不论是在美国新闻史还是移民史上，2000年3月17日《旧金山观察家报》头版头条位置刊出一则特大字号的消息：已有135年历史的美国《旧金山观察家报》，

华裔传媒女王方李邦琴

已于当日被一位美籍华人方李邦琴女士为董事长的方氏企业集团收购。犹如平地一声惊雷，这个消息震动了美国的新闻界和主流社会。《旧金山观察家报》原本属于大名鼎鼎的传媒世家赫斯特家族，是旧金山地区两个英文报纸之一，也是一张在美国很有影响的主流报纸，更深层的原因是，因为这个赫斯特家族的老祖宗，《旧金山观察家报》的创办人威廉·鲁道夫·赫斯特 100 多年前曾率先将中国及亚洲移民叫做"黄祸"，他当年办报的目的之一就是兜售这些破烂货色，宣传这些偏见。令人振奋和骄傲的是，这个开始于一个多世纪前的故事，如今终于有了一个很有戏剧性的结局，这个"黄祸"的后人，成了美国历史上第一个掌管英文主流媒体的华人。《旧金山观察家报》易主，改写了一百多年的历史，方李邦琴洗刷了对中国人毁誉为"黄祸"的屈辱。"方李邦琴日"的庆典气氛热烈异常，前往祝贺的人竟然多达 1500 多人，集会上耀眼的"中华龙"和"东方狮"表演队，欢呼一个时代的到来。望着龙舞狮跃的欢腾场面，方李邦琴想起丈夫方大川生前说的一句话："华人在美国不能仅仅只是坐在公共汽车的客位上，还要坐在方向盘后面的驾驶员位置上。"如今，方李邦琴做到了。正如美国媒体所说，"她希望自己成为一只孔雀，想不到却变成一只鹰"。所谓"变成鹰"，就是指收购《旧金山观察家报》这件事的成功，因为赫斯特家族与《旧金山观察家报》的徽记就是一只展翅翱翔的鹰。

方李邦琴祖籍湖北汉川，童年时代是在祖国内地度过的。1949 年，她与全家人一起，随做铁路工程的父亲去了台湾，在台湾政治大学边疆政治系完成了学业。1960 年，她与留美的新闻学硕士方大川结为伉俪，然后移民美国，在异邦她生了三个儿子，为了维持生计，她与丈夫一起辛劳打拼，吃了很多苦，1979 年，开始进军报业，先是创办了以全美亚裔读者为对象的《亚洲人周刊》。做媒体办报是件不容易的事情，稍有不慎将血本无归。一张报纸要得到读者的认知，在社会上立住脚，非短期之功，经过 8 年的打拼，报纸日见出色，发行量大幅上升，广告经营获利。随后又收购了一份四开的社区报纸《独立报》，将其改造成一张面向全旧金山市发行的对开大报。两份报纸对于促进亚裔社区的进步，鼓励亚裔人士参政起到了很大的作用。方大川也因此而名扬旧金山，以至在他去世之后，人们还特意在旧金山金门公园的亚洲博物馆中设立了他的纪念墙，怀念他的事迹和成就，并在旧金山州立大学设立了"方大川奖学金"，美国的传媒报业有方大川的贡献和功绩。

丈夫的去世对方李邦琴打击很大，使她非常悲伤。但是丈夫逝世后的第四天，她就忍住悲痛，以坚毅的态度扛起了方氏企业集团的大旗，撑起整个事业。一个柔弱的女子，没有倒下，带着三个逐渐长大成人的儿子，度过了创业史上又一个艰难的时期。正如方李邦琴自己所说："你的肩膀能够挑一百斤，你就成功一百斤；你的肩膀能够挑一万斤，你就成功一万斤。一句话，能挑重担的人就是成功的人。"方氏企业集团非但没有垮，反而在一年之后又以出人意料的大手笔，一并收购了覆盖 19 个城市的 11 种英文报纸，成为全美最大的非日报报系，每期发行量达五十余万份。

方李邦琴从祖国大陆到台湾，再到美国发展，从昔日平凡的创业者到今天举世闻名的报业传媒巨人，她圆了一个中国人的报业梦，经历了一个华裔传媒女王人生的蜕变，美国媒体称她为"钢铁的木兰花"。

八、新闻线人成编外无冕之王

信手拈来几份报纸，就能看到下面这些消息：

2007 年月 11 月 14 日《长江商报》第一版显著位置登载：24 小时新闻热线，027-87666666，请编辑短信"A+ 报料内容"发至 0272139（移动）801639（联通）937239（小灵通），短信免费，提供线索者最高奖一万元，网址 www.changjiangtimes.com

2007 年 月 11 月 15 日《湘潭晚报》第一版显著位置登载"领奖启事"：11 月 14 日 A3 版，"湘江河床惊现'阴沉木'"，王先生，30 元；11 月 14 日 A1 版，"生命之花在九岁定格"，段女士，50 元；11 月 10 日 A3 版，"部分 105 路公交车停运"，鲍女士，30 元；10 月 15 日 A3 版，"一对河南夫妇'全副武装'行乞"，杜先生，30 元；10 月 17 日 A6 版，"一老汉猝死街头"，窦先生，30 元。请以上线索提供人速与本报联系，线索奖金由湖南益丰大药房提供。

《广州日报》报料新闻

143

似乎一夜之间，新闻报料成了一个令人羡慕的"新工作"，新闻线人成了编外无冕之王，自由撰稿人有了新职业。

2003年底，北京《新京报》首期新闻线索万元大奖出炉，一篇引起较大反响的报道的线索提供者吴先生和王先生获得奖金一万元，这是迄今国内最高的新闻报料奖。消息一经传出，人们不再羡慕"彩票大奖"得主，纷纷把希望的眼光投向新闻线人。

目前，随着报业竞争的加剧，不少城市的报纸开门办报，向社会推出了"报料有奖"、"新闻线索有奖"的活动。按照提供线索的价值高低，这些新闻线人拿到的奖金一般在30元至3000元不等。因此，或兼职、或专职的新闻线人渐渐浮出水面，他们对编外记者、自由撰稿人职业乐此不疲。深圳市最近就出了个"报料王"刘某，月收入五六千元，而且越干越有信心。

年近50岁的王先生以前是上海市虹口区的机票快递员，因为工作的缘故，对城市交通十分清楚，无意之中常常碰到一些新闻线索，后来就辞去工作，一门心思当起职业新闻线人，现在成了小有名气的"报料专业户"。为了出色地完成报料采集工作，王先生投资全副装备，胸前挂着数码相机，碰到突发事件，急忙拍摄现场。一台带耳机的便携式收音机不离身，把频率锁定在城市交通广播上，这是一个获取交通事故信息最快捷的途径，遇到紧急情况，骑上电动自行车即刻到达，争分夺秒一点也不含糊，然后把信息第一时间告诉媒体，常常让专业记者望尘莫及，专业的输给非专业的。王先生的新闻嗅觉一点也不比专业记者差，什么车站、码头、医院、机场、交通枢纽等人群密集的地方，经常能见到他的身影。

北京西郊某邮局的薛先生是派送邮件的汽车司机，整天穿梭在大街小巷之间，受朋友的启发，现在又多了一个身份，兼职为京城报社做新闻线人，手脚勤快，眼观六路耳听八方，心思还得细，他给报社提供的六条新闻线索都上了报，刚刚从报社领取了500多元报料奖金，正偷着乐呢。用薛先生的话说，发现新闻线索给报社用手机打个电话举手之劳，并不需要集中的时间、特意去寻找，只是在旁人不注意之中，你发觉了有价值的信息，于是价值也就光顾你了。他还告诉了一个秘密，他的"发财"线索都是在上班工作的路上"捡到"的。有一次他开车去某小区送邮件，一个井盖缺失的枯井险些让他出大事故，他只给报社打了电话说明情况，让他领到60元奖金。

西安某医院的马女士是急诊科的护士，现在她每个月都能向有关媒体提供5至6条新闻线索，并领取400元左右的奖金。马女士说：我主要是想通过媒体反映线索使问题得到解决，由于工作原因，我接触到的伤病人，有些是不该出事到医院的，憋在心里难受，才想把看到的事儿告诉媒体，帮助社会解决一些问题。其实对于我们医院护士来说，如果自己反映的问题得到认可和重视，也就心满意足了，对于奖金可从来没有奢望过能拿多少，有一次她接诊了一位老者，因蛋黄过敏性体质接种流感疫苗而导致心衰，险些危及生命。媒体接到报料线索，跟踪调查报道这位老者的发病经过，引起社会的关注，马女士也拿到了 100 元奖金。但她更大的满足是能为老百姓解决一些实际问题。

新闻线人是编外的新闻工作者，他们参与新闻、关心新闻、从新闻效应中收益，更让新闻服务社会、服务民众。

九、人格报格至上的史量才

《申报》是我国传媒史上第一张具有近代意义的报纸，又被誉为"民国百科全书"。"国有国格，报有报格，人有人格"是史量才掷地有声的誓言。

1912 年，当《申报》创刊 40 年面临经营不振时，史量才出资收购了《申报》，掌管帅旗自任总经理。史量才大刀阔斧地改变办报方针和策略，大幅调整版面内容，在他的苦心经营下，《申报》销路大增，名声大噪。史量才在报界的威望也不断提高。"独立之精神"、"无偏无党"、"服务社会"是史量才服务社会的核心思想，史量才办《申报》22 年始终贯彻他对报纸独立品格的追求，并以他的办报思想和报业实践丰富和提升了中国新闻史。正如宋军在《申报的兴衰》一书中对史量才的评价："史量才和《申报》的无党无偏，不带色彩的独立精神，并不是没有自己的观点，只是这种观点是不以一个政党或集团的利益出发，而是以大多数人民的利益出发。"

史量才是民族资产阶级的代表人物，对军阀和蒋介石，不敢公然反对，又认为报纸是民众的口舌，总要为民众说话，才站得住脚。最有名的一则传说，是史量才与蒋介石的对话。蒋介石特意召见史量才，要求《申报》发表言论时要注意分寸和影响，并不无威胁地说："我手下几百万军队，激怒他们是不好办的。"史

史量才

量才不无反感地回答："《申报》发行十几万，读者总有数十万，我也不敢得罪他们呀。"蒋介石盯着史量才说："史先生，我有什么缺点，你报上尽管发表。"史量才不卑不亢地回答："委员长，你如有不对的地方，我照登，绝不客气。"二人不欢而散。史量才这种"宁愿以直言开罪于人，绝不愿谄谀人而乱是非"的性格，势必会引起独裁者的嫉恨。

人格报格至上的史量才，在原则问题上不会因强权的压制而退让。正如他对言论自由有一种执著的信念一样。当时，史量才力排众议，力邀黎烈文为《申报》《自由谈》主编，黎又邀进步作家为《自由谈》撰文，鲁迅、茅盾、巴金等人都常有文章发表。《申报》还先后刊登鲁迅和陶行知化名"不除庭草斋夫"反对蒋介石独裁政权的文章，并发表了几篇《剿匪评论》，反对蒋介石围攻红军，刊载胡愈之的《动荡中之世界政治》等进步文章。对此，国民党在上海的头目吴醒目等人采取各种手段，想要让史量才撤换黎烈文。史量才直截了当地答复："感谢诸公为《自由谈》赐教。不过，我想诸公也未必愿将自由谈变为不自由谈吧。"

人格报格至上的史量才，在民族大义问题上誓死如归毫不退缩。"一·二八"事变爆发，日军进攻上海，十九路军将领蒋光鼐、蔡廷锴不顾国民党政府的命令，率领将士奋勇抵抗。史量才全力支持十九路军的爱国行为，为他们声援助威。在《申报》上发表时评，呼吁中国民众，踏着十九路军的血迹，收复失去的祖国河山。"一·二八"事变仅第三天，史量才发起组织了支持十九路军抗战的"上海市民地方维持会"。成立大会上史量才慷慨陈词："事已至此，伸头一刀，缩头一刀，我年近花甲，行将就木，他无所求，但愿生前不做亡国奴，死后不做亡国鬼！"史量才的言行深深激励了民众，他被众人推举为维持会会长。

人格报格至上的史量才，在正义、是非、曲直上的选择招致杀身之祸。1931年11月蒋介石暗杀了国民党左派领袖邓演达，此事内幕被宋庆龄获知后，非常愤怒，以"民权保障同盟会"的名义起草了一份英文《宣言》，谴责蒋介石的罪恶行径。该英文宣言由杨杏佛译成中文后，派人秘密送给史量才，希望设法公开发表。史量才深知此事的后果，但仍为此积极行动，虽未在《申报》发表，但通过他的关系，《宣言》得以在某通讯社的刊物上登出。蒋介石狼狈不堪，对此怀恨在心，决意杀害杨杏佛与史量才。1933年6月，杨杏佛遇刺，史量才成为下一个刺杀对象。

1934年夏秋之际，蒋介石将暗杀史量才的任务交给特务头子戴笠。戴笠原本打算在上海租界动手，因为史量才警惕性高，居家时门卫森严，客房会见要层层通报，接见与否由史亲自安排。平时外出都有贴身"保镖"护卫左右，并专门请有拳师，教他习武。他本人"习拳术技击，身手矫捷，几为青年所不及。"一直没有找到合适的机会。后来得知史量才10月去杭州休憩，于是将暗杀地点定在沪杭途中的海宁境内。11月13日下午，史量才乘自备汽车与妻儿等六人由杭州回上海，在行驶至海宁附近翁家埠大闸口时，遭国民党特务赵理君、惯匪李阿大等凶手枪击，不幸去世，年仅五十四岁。史量才之死，全国震惊，舆论大哗。上海各界数千人为史量才举行追悼大会，尽管蒋介石故作姿态地令浙江省主席鲁涤平"督饬军警，悬赏缉拿"，但终无下文。

史量才为"人格"、"报格"走了，使新闻界失去了一位领袖级的"民众喉舌"，一颗代表着《申报》独立精神的巨星就此陨落。

十、周游与《北京日报》创刊经过

1949年初新中国成立前夕，北京已和平解放。当时，中央人民政府尚未成立，新闻出版署也尚未组建，新闻出版政策尚无可依，许许多多新闻出版管理的问题纷纭而至，周游走马上任北平市军事管制委员会新闻出版部新闻处处长。周游深入基层调查研究，很快摸清情况，理出解决问题的头绪，开创性地以北平市军管会的名义颁布了《报纸杂志登记办法》，为新中国成立后新闻出版管理工作奠定了基础，提供了经验。随后，周游任北京市人民政府新闻出版处第一任处长。

新中国成立后百业待兴，党和政府急于通过报刊媒体宣传党的方针政策，推动政治、经济、文化等各项事业的发展。当时，《北平解放报》已经停刊，而北京市委也没有自己的机关报。1951年1月北京市委向党中央报告，提出创办《北京晚报》为中共北京市委的机关报。经党中央批准，北京市委于1951年3月正式组建《北京晚报》筹备处，指派市政府新闻处处长周游、市委政策研究室秘书长罗林、民办《新民报》地下党员张其华为筹备处负责人，廖沫沙负责指导党报筹备工作。周游不无高兴地对大家讲，彭真把我找去，开头一句就是："周游同志，你的名字若能改成'周定'就好了。这次委托你来筹备办报的事，只能办好，不能办坏。"这对于曾担任过战地记者、身经百战八路军《子弟兵报》编辑的周游来说，深知肩上的担子不轻。1952年公私合营后的《新民报》经理邓季惺要求把《新民报》上交国家，3月27日北京市政府收购了《新民报》的私股，交由《北京晚报》筹备处接办。《新民报》本来就是一份日报，鉴于收购后《新民报》的大部分工作人员和设备财产并入《北京晚报》筹备处，北京市委改变办一份《北京晚报》的初衷，决定筹备改办一份《北京日报》。原《北京晚报》筹备处的全体人员，从苏州胡同125号迁入西长安街72号《新民报》社。《北京日报》出版发行的工作由周游和罗林负责紧锣密鼓地运转了。预定 1952 年 5 月 1 日《北京日报》正式创刊。筹备处的同志对周游说"我们是长期准备，仓促应战。"

一九五二年十月一日内容提要

慶祝中華人民共和國成立三周年

祝賀中華人民共和國成立三周年
斯大林大元帥致電毛主席

蘇聯外交部長維辛斯基致電我政務院總理兼外交部長周恩來

我們偉大的祖國向着和平建設的大道前進
——慶祝中華人民共和國第三屆國慶節

創刊詞

毛主席昨舉行盛大宴會慶祝國慶
蒙古人民共和國總理澤登巴爾等五百多外賓應邀赴宴
戰鬥英雄勞動模範和各地區代表等一千二百餘人出席

《北京日报》创刊号

1952 年 4 月 14 日，周 游 作为《北京日报》筹备处负责人为报纸创刊问题写信请示彭真，当时彭真正在外地。信中主要说了三个意思：一、请毛主席为《北京日报》题写报头；二、原定 5 月 1 日《北京日报》创刊为时过促；三、希望正式创刊日期等彭真回京后再定。4 月 15 日彭真在周游的信上批示说："报头可以请毛主席题写，报纸出版不要等我。至于'应战'，办报纸总是要天天应的。要争取在仓促应战中又是有准备有把握的。这就要求报社的同志好好

1952 年 5 月 24 日毛泽东为《北京日报》题写报头

1964 年 7 月 29 日毛泽东再次为《北京日报》题写报头

注意思想、政治、政策，好好掌握情况，经常抓住当前的中心任务和中心思想，我希望报社的同志从这方面加强自己的力量。出版的日期请你们斟酌。"

报社收到彭真的批示，进一步明确了《北京日报》创刊的方向，调整了创刊时间。5 月 22 日《北京日报》开始试版，试版版样为四开八版。5 月 24 日，《北京日报》社写信给毛泽东主席，请求题写报头。信的全文如下：

主席：

《北京日报》准备 6 月 1 日创刊。当彭真同志告诉我们主席已允许给我们题"北京日报"四字的时候，全报社的同志都为之欢欣鼓舞，兴奋极了。我们都下决心要把北京市的党报办好，来报答党对报社的关怀。

现呈送《北京日报》试版版样 2 份，上面报头的题字是从其他方面把主席的题字拼起来的。我们知道中央有规定，在正式的报刊上是不允许这样做的。

我们的试版并不向外发行，所以临时安上四个字，来研究我们的版式。报纸创刊在即，我们恳请主席能在百忙当中，抽暇给报纸题写这四个字。如有可能，希望在 5 月 27 日以前就便题好，赐寄北京西长安街 72 号《北京日报》社。

请接受《北京日报》社全体同志深深的感谢和崇高的敬意。

149

当日毛主席就为《北京日报》题写了报头。9 月 27 日至 29 日，《新民报》刊登了《北京日报》创刊启示和《新民报》终刊启示。《新民报》于 1952 年 9 月 29 日终止发刊，《北京日报》于 1952 年 10 月 1 日创刊，对开四版。范瑾为《北京日报》第一任社长，周游为《北京日报》第一任副社长兼总编辑，成为首都新闻出版事业的开拓者。

十一、黄乃与《盲人月刊》

《盲人月刊》是由中国残疾人联合会主办的面向全国广大盲人的唯一盲人版综合性月刊。谢觉哉为《盲人月刊》题写刊名，1954 年 3 月 15 日在北京创刊。

《盲人月刊》宣传党的路线、方针和政策；报道我国残疾人事业发展动态；介绍我国盲人工作、学习和生活等各方面情况；传播各种知识和信息；就盲人关心的热点问题进行交流、探讨；维护盲人的合法权益。同时刊登盲人的优秀文学作品和音乐作品，为盲人认识社会、认识自我、增长知识、陶冶情操、全面提高自身素质，把握自身命运，充分参与家庭生活和社会生活，构造和谐社会创造条件。

《盲人月刊》设有光明的事业、劳动就业、人物人生、婚姻与家庭、法律维护、文体教育、文苑、海外传真、时尚休闲、医苑奇葩等十大板块。辟有"本期特别策划"、"盲协工作"、"人生直击"、"爱情林荫路"、"名作连载"、"按摩技术交流"、"芳草地"、"编读往来"等栏目。集权威性、指导性、实用性、服务性于一体。

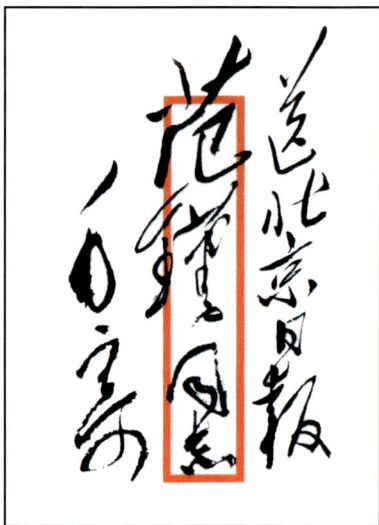

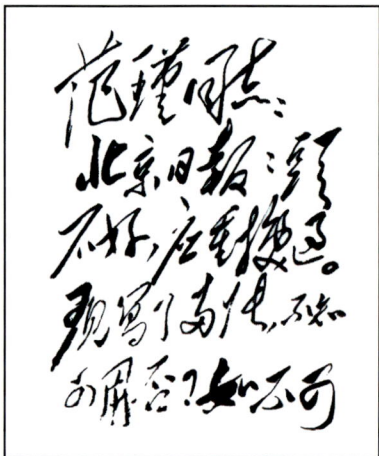

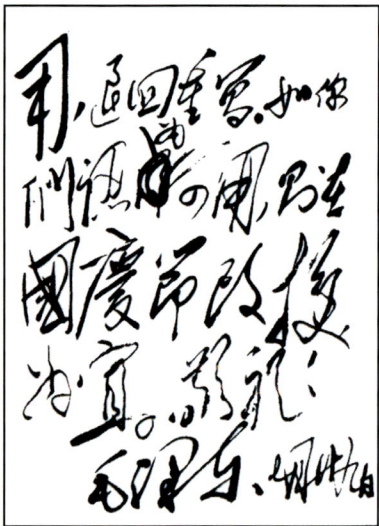

毛泽东致范瑾的信

《盲人月刊》把满足盲人工作、生活、学习需要和精神文化需要作为出发点和落脚点，在盲人读者中享有很高声誉。

《盲人月刊》给广大盲人朋友带来光明，广大盲人朋友更不会忘记给他们带来光明的使者黄乃——中国当代的"普罗米修斯"。

黄乃是我国近代史上著名的辛亥革命领导人之一黄兴最小的儿子。黄乃是遗腹子，没有见过父亲的面，但是父亲辅佐孙中山领导辛亥革命，推翻封建王朝，倡导民主革命，强烈的爱国主义精神，深深地感染着他、影响着他，决定了黄乃一生的道路。少年时代的黄乃就立志要像父亲那样胸怀磊落，爱国爱民，奋发图强，为中华民族的振兴和祖国的富强贡献自己的一生。

青年时代的黄乃受知名人士胡愈之撰写的《莫斯科印象记》影响，了解了苏联的社会主义和共产主义。胡愈之是著名的世界语者，是世界语影响了黄乃，通过世界语，了解世界，认识进步。黄乃开始刻苦自学世界语，阅读上海世界语者协会出版的《世界》等进步书刊，还参加了南京世界语协会。黄乃自学世界语体会到，世界语有很强的逻辑性、科学性、易学易记，是世界人民语言交流的工具，也为他日后改进中国盲文，创造新盲文奠定了基础。

黄乃20岁时留学日本，结识了进步的世界语者中垣虎儿郎，继续研究世界语。第二年爆发了"七七"事变，黄乃毅然绝然回国到达革命圣地延安，投身抗日战争。在延安时期，黄乃仍从事世界语的普及活动，同国内外世界语者建立广泛的联系，用世界语为中国的民族解放和反法西斯战争的胜利不辞辛劳地工作。在繁重的工作和艰苦的环境下，黄乃本来在青年时代因踢足球受伤右眼失明，左眼又视网膜脱落，未能及时医治，从此双目失明。"我虽然双目失明了，但是我还要努力为党工作，把党的温暖送给盲人。"这是黄乃50多年前立下的誓言。

黑暗使黄乃更加懂得光明的可贵，他想到千千万万盲人的痛苦和需要，攻克盲

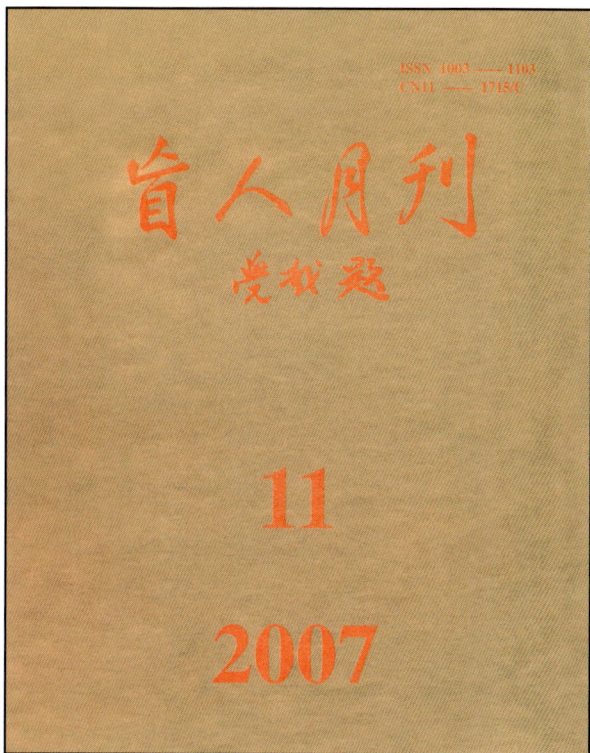

ISSN 1003——1103
CN11——1715/C

盲人月刊
爱我题

11

2007

《盲人月刊》

文成为黄乃生活的目标。黄乃潜下心来，研究世界各国的盲文，通过国际盲文世界语者协会的刊物《联系》，搜集各国盲文的字母表，经过各种盲文的对比分析，找出中国旧盲文的弊端，大胆改造字母国际化。经过无数次实验、失败、改进，黄乃终于研究出一套以北京语言为标准，以普通话为基础的拼音盲文体系。获得教育部的批准在全国推广。

黄乃创造的新盲文一直沿用了40年，新盲文为中国700万盲人安上了"眼睛"，通过盲文来进行学习、交流和了解外面多彩的世界。继而又研究制定出《汉语双拼音盲文方案》。该方案词形清晰，音意准确，方少点多，比旧方案易摸易学。这对盲文的发展又是一次重大的突破。出版《盲人月刊》是新盲文付诸实践的受益者，黄乃亲自编写各种盲文教材，指导《盲人月刊》，开办盲人印刷厂，促进盲人的文化交流。父亲黄兴的亲书条幅："满月云山俱是乐，一毫荣辱不须惊"，一直铭刻在黄乃的心上，成为他终身的座右铭。

中国新盲文之父——黄乃，在当代中国新闻出版史上留下了光彩夺目的一页。

第六章
收藏报刊的历史脚印

一、国际传媒大道的前缘今世

2002 年 5 月，以城市经营为理念的"国际传媒大道"落户北京城南宣武区，并在"北京高新技术产业国际周"上正式精彩亮相。引起社会各界的广泛关注，有人称之为"具有划时代意义的伟大作品"，有人说"真正意义上的中国传媒形象终于萌芽"。人们憧憬"国际传媒大道"成为"信息时代的紫禁城"和"东方传媒的金字塔"。

"国际传媒大道"这个形象的创意者、先行者，就是阳光狮人广告公司的黄书东。他在《关于设立国家传媒产业示范园区的构想》中这样写道：

"随着中国加入世界贸易组织，我们这样一个发展中的大国正日益成为全球化进程的中心，随着信息技术与国际互联网络的突飞猛进，我们这样一个工业化初期的农业大国不容回避地步入了一个崭新的信息社会。在波澜壮阔的全球化、信息化的大背景下，世界各国之间的竞争空前激烈地展开。饱经沧桑的中华民族正在造就一个伟大的复兴时代。

中国加入世界贸易组织意味着中国传媒将融入全球化的进程中。鉴于现代传媒业具有不同于一般产业的特殊属性，中国传媒产业下一步的发展，影响着国家前

旧时传媒大道送报人

途命运，希望国家引起高度重视。

因此，没有哪一个产业像传媒产业那样影响着国家意识形态，牵动着国家信息产业的发展，长远地关系到中华民族文化的生存与发展。中国加入世界贸易组织，海外传媒巨头将不可避免地以各种途径进入中国。国家传媒产业如何在未来若干年的缓冲期内迅速发展，形成强大、独立的产业体系，从而主动应对国际传媒巨头的竞争，是摆在我们面前的一个非常紧迫的问题。"

北京这个古老而年轻的城市，有着三千多年的建城史，八百多年的建都史。城南宣武区的广安门一带自辽金起就是都城的中心。新中国经过城市改造，如今的国际传媒大道北起宣武门，南至南三环滨河路，全长 3.2 千米，路宽 70 米，占地面积 274 公顷，总建筑面积 640 万平方米，总投资计划为 280 亿元。这一中国传媒的"航空母舰"一旦建成，将吸纳海内外新闻传媒、科技传媒，教育传媒和通讯网络传媒加盟。目前，经济日报社综合业务楼等一批项目已竣工交用，中国国际新闻中心、新闻出版总署办公楼等在建项目已接近尾声，其他工程正加快推进。据悉，美国在线时代华纳、贝塔斯曼、TOM.com、凤凰卫视、阳光卫视等机构将进驻国际传媒大道。

在北京城南规划和建设国际传媒大道，与此地的人文历史有着惊人的巧合和血脉，因为这里曾经是北京早期的印刷发祥地和报纸之乡，自觉不自觉地承袭着北京悠久的历史文化底蕴。

传媒大道旁的新华通讯社

北京地区最早的印刷品，当属辽代《契丹藏》。山西应县出土的文物《上生经疏科文》卷首题"燕台悯忠寺沙门诠明改定"，其中提到的悯忠寺即今日广安门内法源寺；《佛说八师经》题记中有"大昊天寺福慧楼下成造"，其中提到的大昊天寺地址就是今日西便门；闻名遐迩的"京华印书局"选址在骡马市大街的东口，船形大楼保留至今；"北京印钞厂"建址在白纸坊；"文岚簃印字馆"设址在樱桃斜街……印刷业是报刊业的"下游"，印刷业如此集中，"上游"的报刊业更是蓬勃发展，宣武门外大街与南新华街之间报馆"林立"。

大名鼎鼎的《京报》在魏染胡同，

著名报人邵飘萍的活动使得《京报》名声大振；基督教会创办的《益世报》在和平门外南新华街，传教士的布说传教使华人看到了另外一个世界；打破传统排版印刷的《事事白话报》也在魏染胡同，该报通篇不用标点，句读之间空一格；格调上乘、内容丰富的《新北平》报在宣外大街路东；《晨报》也在宣外大街路东；名噪一时、遍销华北的《实报》在宣外大街路面；《全民报》也在宣外大街路西；《实报》馆的隔壁是《黄报》馆旧址；如此一条宣外大街竟有数家报馆营生。《小小日报》在棉花胡同头条；《立言报》在椿树三条；《时言报》在铁老鹳庙胡同；《升报》在裴家街；《新生报》在丞相胡同；《平报》在琉璃厂的西南园；《每周评论》在茶食胡同；《民国日报》在广安门内大街；《民声报》也在宣武城南一带。这些报纸的发行在宣武门外南柳巷的永兴寺，相当于我们今天的报刊发行局。报刊编辑、印

国际传媒大道上的新闻出版总署办公大楼

国际传媒大道上的新闻出版总署办公大楼

刷、发行的集散地一条龙，使我们窥见北京宣南文化一斑。

　　北京"国际传媒大道"不同于功能单一的"中关村"和"金融街"，带有传媒与办公融合、传媒与新兴产业融合、传媒与商业融合的复合功能。具有吸引力和诱惑力的"国际传媒大道"向世人述说着它的昨天和今天。

二、民办阅报馆成为新闻史教研基地

　　2006年10月22日，中国新闻史学会会长赵玉明教授和北京市平谷区委宣传部部长王晓光，共同揭下了盖在铜牌上的红绸，由李润波创办的世纪阅报馆成为"中

《京报》

国新闻史学会教学研究基地"。把民办的博物馆确定为国家级学会的教研基地，在国内尚不多见。

世纪阅报馆，收藏了晚清至文化大革命各个历史时期老报刊原件4000多种、60000余件，其中珍品百余种。李润波在《中国集报信息》报上发表的"世纪阅报馆藏品百珍"中说："笔者由集古币而染指集报，屈指20年。遥想十数年前书摊冷肆刚刚出现历史老报刊之时，很少有人问津，笔者出于对资料的抢救之目的，果断切入，经过20年间勤勤网罗，居然小有成果，当此举国集报日盛，历史老报刊逐渐被广大集报朋友青睐之际，将收藏清代和民国时期珍品百种公之于众，并根据存世多少和历史影响，以大珍、稀珍、稀少、较少别之。出版不足10期者，含有创刊者加以注明，以供同道朋友切磋、鉴赏及交流之参考。"据报刊收藏界人士称，李润波是国内个人收藏老报刊数量最大的收藏家。并著有《故纸遗音——早期报刊收藏》、《老报纸收藏》、《老期刊收藏》等书。

世纪阅报馆位于北京平谷区档案馆五楼，展出面积约300平方米。四周墙壁上挂着镜框，靠墙根整齐排放着展柜。一张张泛黄的老报纸，一个个耳熟能详的老报名，厚重的历史气息扑面而来，在这里报纸已失去纸面意义，而成为了历史的见证，百年中国历史历历在目。

首先映入眼帘的是《京报》，这是中国历史上最有名的木版印刷的《京报》，它的前身就是《邸报》，明末清初才叫《京报》。黄封皮上印有朱红色"京报"二字及报房名戳，《京报》是清代北京最重要的报纸，它不仅是清廷向地方传播朝政信息的工具，也是中外人士了解中国时政的窗口。

《时务报》以宣传维新变法、救亡图存为宗旨，以论说及翻译西方报刊为主要内

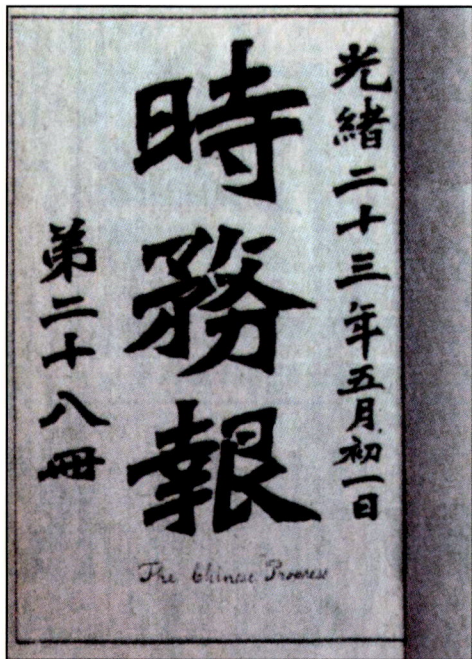

《时务报》

容。办刊宗旨明确，内容符合当时具有维新意识的官僚及多数知识分子的心理需求，因而该刊刚一面世，就受到了读者欢迎，创下了中国有史以来报刊销售的最好纪录，成为一时影响最大的读物。

《民报》是中国早期资产阶级革命的最重要的舆论工具。报名为孙中山先生亲笔题写，发刊词是由孙中山口述大意、胡汉民执笔完成的。该刊"发刊词"中把同盟会的政治纲领阐发为"民族"、"民权"、"民生"三大主义，后被简称为"三民主义"。《民报》是同盟会的机关刊物。

还有《申报》、《清义报》、《新民丛报》、《政治官报》、《新学报》等等……

《大公报》

接下来的是抗战珍刊《救亡日报》。日军制造了震惊中外的"卢沟桥事变"，战火蔓延，为了使全国人民认识到我们的民族已经到了生死攸关的时刻，上海文化界救亡协会迅速出版了《救亡日报》，郭沫若题写报名并任社长，夏衍任总编辑，毛泽东的抗日演说，也在《救亡日报》刊载。

《每日译报》是共产党在抗战初期的上海"孤岛"隐蔽出版的报纸。所刊载的内容都是共产党领导边区人民从事各种抗日活动的报道，党中央的许多重要政策都是靠《每日译报》从客观角度报道的，毛泽东的《论持久战》和斯诺的《西行漫记》最早也是由此报发表的。

"世纪阅报馆"被定为中国新闻史学会教学研究基地

《新华日报》以巩固和加强抗日民族统一战线为宗旨。报头由国民党元老于右任题写。该报在八年抗战中，为宣传中国共产党政治主张，团结全国人民起来抗击日寇的侵略，起到了极其重要的作用。是国民党允许共产党在国统区发行的唯一一份报纸。

还有《抗战日报》、《新中华报》、《大美晚报》、《时言报》、《新

世纪阅报馆藏品百珍

李润波

笔者由集古而痴迷指集报，屈指20年，遍览十数年有用书报，根据历史资料的抢救之目的，果断切入，经过20年间搜罗即现将所藏风貌，居然小有成果。当此举集报在日益盛行……历史老报刊逐渐稀少，将所藏稀珍……历史报纸珍稀……和民国时期珍品各种，以供同道朋友以证明，鉴赏交流之参考。之计，出版不足10期者，含有创刊者加以注明。

名称	数量	年代	性质	备注
京报	36	1898	清廷政治	早期木版印刷纸张稀少
宫门钞	1	1882	清廷政治	稀珍
谕折汇存(月刊)	7	1898	政治综合	戊戌变法奏折 稀珍
申报	38	1874至1881	社会综合	最早新闻报之一 稀少
万国公报(4册合订)	120日	1877	基督教会刊	最早介绍西方科学期刊稀珍
益闻录	1	1886	基督教会刊	稀少
汇报	1	1900	政治	报导八国联军侵华甚详稀珍
政治官报(含创刊)	80日	1907	地方政治	我国最早由国家创办之报稀珍
商务官报	2	1906	商业经济	稀少
江西官报	21	1907	地方政治	我国最早由南前创办之报稀少
井州官报	1	1907	地方政治	稀少
内报官报(含创刊)	1	1910	地方政治	山西大原稀报 稀少
江西农报(创刊号)	5	1907	张助复辟	共出版大期 大珍
正宗爱国报	3	宣统元年	农业科技	稀珍
北京新闻汇报	30日	1901	社会综合	稀珍
图画日报	1	1905	图画新闻	稀珍
图画报	1	1906	图画新闻	稀少
绣像小说	7	1909	社会美术	稀少
点石斋画册	3	1910	社会美术	稀少
飞影阁画报	8	1911	图画新闻	稀少
时务报	20	1894	社会美术	大珍
昌言报	9	1884	戊戌变法	稀珍(共出10期)
新学报	2	1898	戊戌变法	稀珍(共出7期)
知新报(澳门出版)	7	1897	戊戌变法	稀珍
民报	7	1898	资产阶级革命物	稀少
鹭江报	1	1905	资产阶级革命物	大珍(共出3期)
克复学报	28	1910	资产阶级革命物	大珍(前3期备双份)
清议报(含创)	1	1911	资产阶级革命物	稀少
新民丛报	29	1899	保皇派刊物	大珍
新民丛报(二版)	1	1902	保皇派刊物	稀少
外交日报	1	1902	朝廷外交	稀珍
时报	1	1909	社会	稀少
神州日报	1	1910	勤工俭学	大珍
东方杂志	2	1904	华文教育	稀少
大同报	6	1909至1911	社会综合	校勘
直报	1	1910	基督教会会刊	北京出版史料未载 大珍
中国日报	6	民国元年	社会	袁世凯办 大珍
不忍杂志	3	民国三年	政治	有蔡锷马悠风仙合影 稀珍
太平洋报	1	民国三年	政治	稀少
亚细亚日报	1	民国三年	漫讯子乐	袁士利主办 有大刘文章稀少
游戏杂志(创刊号)	3	民国五年	政治	蔡元培在法国主办稀少
旅欧杂志	1	民国六年	社会	蔡元培在法国主编稀少
华工杂志	2	民国八年	勤工俭学	稀少
小说画报	1	民国七年	社会百志	严独鹤主编 稀少
戏剧杂志	2	民国六年	戏剧艺术	稀少
美术生活(8开本)	1	民国	美术	稀少

名称	数量	年代	性质	备注
中国名画(8开本)	8	民国	美术	稀珍
红茶创刊号	1	民国	美术理论	稀珍
东亚杂志·美术号	2	民国二十九年	美术·古玩	仅出二期
故宫周刊	10	民国二十三年	艺术·古玩	仅出二期
故宫周刊(合订)(全套)	42	民国二十四年	艺术·古玩	稀珍
百美图(册)	1	民国十四年	美术	稀珍
百友(8开本)	1	民国十四年	美术·社会	稀少
中国生活(8开本)	1	民国三十七年	美术	稀少
古泉学	1	民国三十五年	古币收藏	汉出5期 稀珍
东币报	1	民国	收藏	稀少
钱币革命(含创刊)	3	民国二十一年	币制改革	不足10期 稀珍
申报月刊(复刊号)	1	民国二十一年	汪伪政府	稀珍
革命军副刊(陈独秀)	3	民国十六年	反革命	宣传清党意义是反共见证 大珍
向前进(鲁迅主编)	6	民国十七年	革命	稀珍
语丝(鲁迅主编)	16	民国	政治	稀少
北斗(丁玲主编)	1	民国	政治	稀少
创造月刊(创刊号)	1	民国	文化	稀少
大众生活(邹韬奋)	1	民国	社会	汉出版1期 稀珍
学生	1	民国五年	女性生活	最早学生刊物 稀珍
女学生	4	民国廿一年	教育	反日侵华 稀珍
美术丛刊(创刊号)	1	民国	中国美术	天津美术馆建馆出刊 珍稀
文华(8开本)	1	民国十九年	美术生活	上海良友出刊 稀少
今代妇女(8开本)	1	民国十五年	妇女生活	上海良友出刊 稀少
人间世	3	民国二十二年	文人期刊	稀少
万象	1	民国	文人期刊	稀珍
明星半月刊	3	民国二十一年	电影画报	稀少
读书杂志(全套)	28	民国二十四年	文化政治	稀珍
北平(含创刊)	1	民国	史志	汉出版2期 稀珍
每日译报	30	抗战	革命	我党秘密抗日报纸 稀珍
北平晨报	1	卢沟桥事变	故事报	大珍
大声周刊(全套)	13	抗战	革命	四川省川县报油印汉出3期稀稀
血潮(创刊号)	13	抗战	革命	周恩来主办 稀少
新华日报(重庆)	30	抗战	革命	抗战晚报发国共合办 稀珍
大众日报合订	300	抗战	革命	稀少
工人日报合订	30	49年10月	革命	三大战役要夹大报章 稀珍
人民日报合订	150	48年10月	革命	新中国成立投报道 稀少
冀东日报	30	49年10月	革命	报导渡江工作投 稀珍
申报合订	120	48年	社会	稀少
中共内幕(创刊号)	1	1949年春	政治	汉出版3期 稀珍
昭和大事(创刊号)	60	1949年3月	日本	重要侵华文献 稀稀
外交时报	20	昭和大至昭和十八年	日本	重要侵华文献 稀稀
上海	1	昭和十八年	日本	重要侵华文献 稀稀
东亚	1	昭和十年	日本	重要侵华文献 稀稀
大东亚	1	昭和大年	日本	重要侵华文献 稀稀
东亚新报	6	昭和十七年十八年	日本	日本北京出版

《中国集报信息》刊载《世纪阅报馆藏品百珍》

民声》报，等等。

最后是解放战争时期的《解放》报，由于国共两党刚刚通过政协决议，国民党统治区可以允许共产党的报纸公开发行。由于《解放》报不断揭露国民党方面破坏协定挑动内战阴谋，同时将解放区的民主政治向国统区介绍，因而多次遭到当局刁难，最终被查封。

《解放日报》作为共产党的喉舌和舆论工具，积极主张国共两党"和平谈判"，反对内战，建设民主的联合政府。该报在内战爆发期间，及时报道国民党政府挑动内战的一举一动，报道"三大战役"的战况，宣传共产党解放全中国，建立新中国的政治主张，再现了惊心动魄的战争场面。

《人民日报》在历史转折关头的报道重现了天翻地覆的中国变化：《南京国民党反动政府宣告灭亡》（1949 年 4 月 24 日）、《中国人民政治协商第一届全体会议胜利闭幕》（1949 年 10 月 1 日）、《首都三十万人齐聚天安门广场隆重举行庆祝典礼》（1949 年 10 月 2 日）……

还有《新中国报》、《北平时报》、《中苏日报》、《昆仑日报》、《联合晚报》，等等。

老报刊展示世纪风雨，重现从沉沦到崛起的中国，记录从弱小到觉醒的民族，用李润波的话说，这"足以证明老报刊潜在魅力的巨大"。

三、677 种报刊集体黯然退出历史舞台

在中国报刊传媒史上，2003 年底发生了一次不小的"地震"，一则新华社讯引发了这场似乎在人们意料之中的"地震"：

"中央报刊治理工作协调领导小组办公室向社会公布了 677 种停办报刊的名单，希望社会各界和广大群众予以监督，并再次重申，凡利用职权搞摊派发行的报刊将一律严肃查处。

纳入本次治理范围的 1452 种党政部门报刊中，被停办的有 677 种，占 47%。这些报刊，最迟出版到今年年底，从明年 1 月 1 日起将全部停止出版发行。

为了方便广大群众监督，中央报刊治理工作协调领导小组办公室公布了举报电话：（010）65127836。欢迎广大群众对该停不停或变相出版的报刊，对利用职权强行摊派发行的报刊进行监督、举报。"

677 种报刊集体黯然退出历史舞台后，2004 年初《传媒》杂志在"传媒资讯"

中报道：

"2003 年的报刊治理工作取得了阶段性的重要成果。此次治理有效地减轻了基层和农民报刊订阅费用的负担，实现了中央开展这次报刊整顿的重要目的。据初步统计，这次治理共减少报刊征订费用近 18 亿元。其中，停办报纸 282 种，发行量减少 11.8756 亿份，订阅费用减少约 4.9 亿元；停办期刊 395 种，免费赠阅政府公报 94 种，发行量减少 3.3973 亿份，订阅费用减少 13.0308 亿元。"

这次"地震"震出近 18 亿元，事情还要从头说起。

2003 年 3 月 10 日，中宣部和新闻出版总署联合下文，部署"制止报刊摊派问题调研工作"。联合中央单位八部门组成联合调查组，历时一个多月，分赴 10 个省开展专题调研，通过采取听汇报、召开座谈会、考察报刊社、走访农户、核查账目及印发调查表等形式，重点走访 15 个地市、18 个区县、25 个乡镇、20 个行政村、18 个企业、23 所学校、68 家报刊社，组织召开了 46 次座谈会。在充分了解掌握报刊在基层摊派情况的基础上，中央根据广大人民的意愿作出了治理党政部门报刊散滥和利用职权发行，减轻基层和农民负担的重大决定。

2003 年 6 月，中宣部、新闻出版总署、国家邮政局联合下发《关于报刊出版单位暂停征订活动的通知》。根据中央关于制止报刊摊派工作的总体部署，决定除科技期刊外，其他报刊的出版单位自即日起至 2003 年 9 月底，暂停 2004 年度一切报刊征订活动。一纸寥寥数行的通知引起了海内外媒体的普遍关注。

2003 年 7 月 15 日，中办和国办联合下发《关于进一步治理党政部门报刊散滥和利用职权发行，减轻基层和农民负担的通知》（19 号文件）。7 月 31 日，新闻出版总署出台了《治理党政部门报刊散滥和利用职权发行实施细则》，列举了治理范围内的摊派行为：

任何部门或单位利用职权通过发文件、下指标，或采取电话通知、利用系统工作会议提要求、下

《传媒》"报刊整顿资讯"

发报刊订阅"建议表"等各种手段发行的；将企业事业、乡镇、村级组织等基层单位是否订阅报刊与工作考核、评优达标挂钩，搞所谓"一票否决"的；利用登记、年检、办证、办照、征税等工作之便强行要求服务和管理对象订阅的。

任何报刊采取提成回扣、赠钱赠物、出国考察、公费旅游等办法推销的；利用报刊版面以宣传、表扬为由搞有偿新闻或所谓形象版变相摊派，或以批评相要挟征订的。

任何部门或单位为报刊承揽广告业务提供方便并收取广告费提成的；巧立名目向报刊社收取管理费、发行费、劳务费的；把报刊的经营收入转入机关或机关以外变成机关的"小金库"的。

其他具有摊派或变相摊派性质行为的。

中央作出"釜底抽薪"的决策。在这次整顿中，中央提出"三个一批"要求，即：停办一批，减少党政部门报刊数量；分离一批，切断部门权力与报刊经营之间的利益纽带；整合一批，解决党政部门报刊结构不合理、质量不高等散滥问题。

2003 年 9 月，中央报刊治理协调领导小组办公室分别下达对各地和中央单位报刊治理方案的批复，决定 282 种报纸和 395 种期刊从 2004 年 1 月 1 日起停止出版。党政部门报刊治理取得阶段性成果。

这场"地震"，让权力退出报刊经营，677 种报刊集体黯然退出历史舞台，媒体将回归其本来意义。

四、报刊收藏热方兴未艾

报刊收藏是一项集思想性、知识性、艺术性、资料性和趣味性于一身的收藏文化活动。报刊收藏不仅能够丰富人们精神文化生活，还能够提高人们的知识水平、文化素养和审美意识。

我国是世界上最先有报刊的国家，也

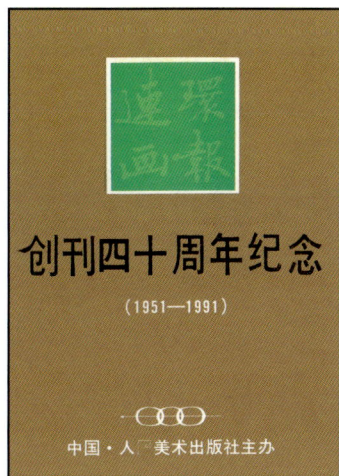

《连环画报》创刊 40 周年"纪念号"

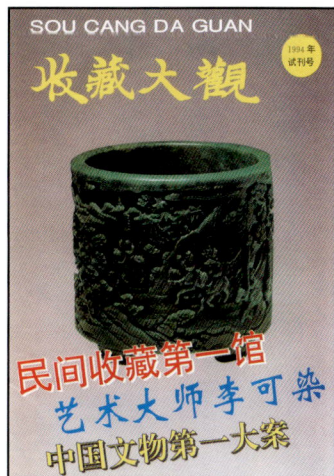

《收藏大观》"试刊号"

是最先开展收集报刊活动的国家。据史料记载，早在 1000 多年前的五代十国时期，我国已有收集报刊的活动。1949 年新中国成立后，我国的报刊出版发行进入繁荣发展阶段，据国家权威部门统计，2006 年全国共出版报纸 1938 种，平均期印数 19703.35 万份，总印数 424.52 亿份，总印张 1658.94 亿印张，定价总额 276.09 亿元，折合用纸量 381.56 万吨。2006 年全国共出版期刊 9468 种，平均期印数 16435 万册，总印数 28.52 亿册，总印张 136.94 亿印张，定价总额 152.23 亿元，折合用纸量 32.18 万吨。

1988 年 3 月在北京成立了"中国报业协会"，1992 年 4 月在北京成立了"中国期刊协会"，2003 年 6 月在北京成立了"中国报业协会集报分会"。《中国集报信息》报成为报刊藏友最喜欢的读物。自 1991 年以来，"6.26"已成为中国集报日，全国各地的集报刊组织相继主办研讨和交流集报刊的经验活动。1991 年 10 月 29 日，当时任的国家新闻出版署报纸管理司司长梁衡在新闻发布会上宣布，全国集报、剪报爱好者已达 100 多万人。我国新兴的学科"中国集报学"已初具规模。当代报纸研究权威、中国人民大学新闻学院方汉奇教授从 20 世纪 40 年代开始收藏报刊，为早日走上新闻史研究的道路，他经常到街头或旧书报刊市场收集报刊，收藏近 3000 多种珍贵报刊，后来用这些报刊写成《中国近代报刊史》一书。《人民日报》社高级记者罗同松热心集报几十年，亲身感悟集藏报刊的酸甜苦辣，写成《报缘》小说，深受报刊藏友的喜爱。近几年来，我国兴起一股集报刊热，双休日的北京潘家园旧书报刊市场、上海文庙旧书报刊市场、南京朝天宫旧书报市场都熙熙攘攘，人们来这里淘自己心爱的宝物。在这支报刊收藏爱好者大军中，既有年逾古稀的老者，也有初涉社会的青年；既有谙练此道的老手，也有寻觅此径的新秀。集藏报刊从 20 世纪 80 年代初悄然兴起，据《中国集报大全》称，全国集报刊人数仅次于集邮，有居集藏界第二位之说，已发展到数百万人众之多。随着人们物质生活水平的提高、精神文化生活的需求和投资意识的增强，集藏报刊热还在升温。

报刊作为一项新兴的文化收藏品种，正在被

《信鸽》复刊号

《中国人》终刊号

越来越多的有识之士所认可，与其他收藏门类一样，只要有所投入，集藏报刊同样会带来经济上可观的回报。《人民日报》创刊号卖到4000元，《人民画报》创刊号卖到5000元，《新青年》杂志全套卖到10万元，仍一觅难求。当今的报刊收藏热与报刊媒体的炒作不无关系。《羊城晚报》1997年9月27日头版，刊出了一则引人注目的广告。重金奖励该报创刊号及复刊号的个人收藏者，具体奖励办法是：凡同时收藏有《羊城晚报》创刊号和复刊号的个人，可获"羊城晚报风雨同舟忠实读者奖"，发给证书及奖金3000元；只藏有创刊号者，可获"羊城晚报创刊40年忠实读者奖"，发给证书及奖金

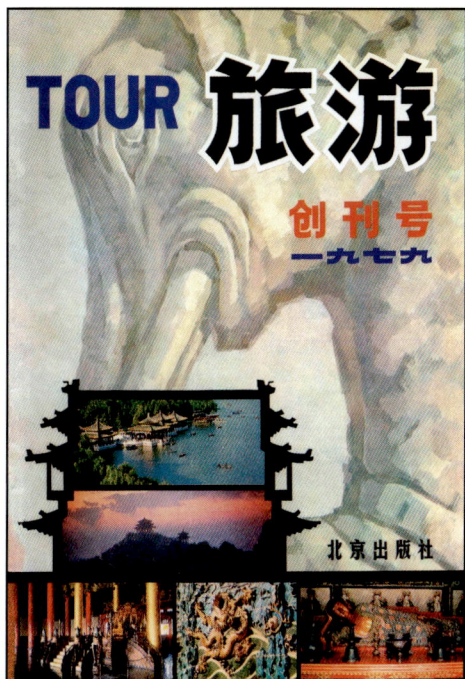

《旅游》创刊号

2000元；只藏有复刊号的个人，可获"羊城晚报复刊18年忠实读者奖"，发给证书及奖金800元。全国首家周末类报纸《周末》也打出广告，以原价一万倍的价格回收《周末》创刊号。高价回收创刊号报刊，对于增加报刊的知名度及报刊的收藏将起到一定的推动作用。各种报刊收藏形式中，除试刊号、创刊号、复刊号、特刊号和终刊号外，尚有号外报收藏也很引人注目。1911年出版的《时报》号外"恭祝共和成立"卖到6000元，"载人飞船发射成功"、"原子弹爆炸成功"等号外报都是报刊收藏市场的宠儿，价格不菲并与日俱增。

藏报家罗同松

报刊收藏爱好者在各自的收藏领域勤耕不辍、力争上游，纷纷争创纪录。据中国报业协会集报分会披露，我国集报界已有3人获"大世界吉尼斯之最"证书。北京市张云亭，收集2000年1月1日出版的国内外报纸484种，于2000年获上海大世界吉

山东省郯城县丁思德家中办"30年看变化"家庭藏报展

尼斯"单日集报数量之最"证书。山西省苗世明，收藏古今中国报纸768712份，于2001年获上海大世界吉尼斯"报纸收藏数量之最"证书。贵州省石天柱，用60年时间共收藏报纸35000种，于2002年获上海大世界吉尼斯"累记集报种类之最"证书。

盛世收藏，收藏盛事，当属报刊。报刊收藏蕴藏着极大的收藏投资潜力和广阔的前景，报刊收藏正当时。

五、集报60年成为世界集报大王

2002年1月，中国贵州省石天柱以集报35000种、381500份，获得上海大世界吉尼斯总部颁发的"大世界吉尼斯之最"证书。

世界著名的十大收藏家之一的美国集报大王埃尔涛·凯特海姆，总共收藏了10万份世界各地的报纸。石天柱的集报已超过了这位美国报友，是当之无愧的世界集报大王。

一个普普通通的工人、82岁的老人，从11岁开始与报纸结缘，16岁时与父母失散，边逃难，边卖报，边谋生，一生坚持集报，60年的集报生涯成为世界集报大王。目前，石天柱集报达35000多钟，41万份。其中试、创、复、终刊号多达6120种，珍贵报纸300多种，少数民族报250种，还有文革报、号外报、手帕报、塑料报、信封报、明片报、伞报等650多种特种报。在家中建立"石天柱家庭藏报馆"，免费对外开放。为了宣传集报、研报、评报，石天柱只身自费12次远行，总行程达49000千米，走遍了大半个中国，以报会友，以报交友，结识了全国各地报友3000多人，还有不少"洋报友"和"海外交流"。被中国集报权威部门誉为"集报泰斗"。

集报和收集其他收藏品一样，是一项集知识性、趣味性、资料性、艺术性和思想性于一体的收藏文化活动。这种爱好不仅能够丰富收集者的业余生活，也能够拓宽视野，巩固学识，同时在收集和学习的过程中，提高知识水平、文化素养和生活情趣。集报的人很少有不读报的，没有良好的读报习惯，也就谈不上对报纸的爱好和收集整理。因此相对来说，集报是一项较为高雅，并要求有一定文化修养、知识水平的收藏文化活动。

石天柱集报的一生，就是从接触报纸，看报，到喜欢报纸，爱报，到送报卖报；从写短新闻，当通讯员，到集报、藏报，成为世界集报大王。

石天柱于1921年12月生于中原大地河南省焦作市。父亲石存义是京汉铁路焦作市车站的扳道工。上小学时，每逢星期天，父亲就带石天柱坐火车去博爱县叔叔的报馆，报馆自然有许多吸引孩子的画刊和报纸，看得入迷的他返回时还带回一些报纸，这些报纸成了他的心爱之物。

石天柱11岁那年，舅舅在焦作煤矿也开了一家报馆，这家报馆使石天柱喜出望外，他可以在家就看到更多的报刊。当时报馆人手少，许多报纸没人送，母亲和舅妈一商量，就让石天柱按投递单送报，他小小年纪送报乐此不疲，于是开始了他的送报生涯，虽然送报辛苦，可是他有报看仍是幸福的。

石天柱16岁时抗日战争爆发，日寇飞机炸断了郑州黄河铁路大桥，武汉、南京等地的报纸只能送到郑州，火车北上困难，水陆联运使得石天柱不得不过黄河，住在汜水黄河渡口，每天由他从邮局取上《武汉晚报》、《汉报》、《河南民报》等，送到渡口交给船工，由船工运到黄河北岸送到焦作。

石天柱在战火年代与父母跑散，随着逃难人流只身来到郑州，成了《大刚报》的报童沿街卖报。郑州沦陷后又南逃汉口，成了《新华日报》的报童。在他卖报的业余时间，试着写了几篇新闻短讯，竟在报上发表了。不久石天柱先后收到《大刚报》和《大公报》通讯员聘书，从此，报童升格为通讯员。

石天柱在抗战胜利前夕从柳州向贵州逃难的路途中，将辛辛苦苦收藏的报纸丢失，这使他痛心不已……新中国建立后，石天柱告别了动荡的生活，他重操"旧业"正式开始了集报。直到1980年，退休后的他有了充足的时间和精力，这是他集报生涯的一个转折点。

集报非一日之功，它需要几十年锲而不舍的努力。石天

"集报大王"石天柱

石天柱家庭藏报馆

柱集报成功的秘诀有三招。第一招是按图索骥。我国地域广阔，有近三千个县市及省会城市，肯定有不少党报。于是，他就买来新版的地图册，按图向这些市县及省会城市发信求报，这一招果然很灵，大部分地方城市的党报都寄来了样报。第二招是报社求援。从各种渠道关注新报创刊，发现新报创刊，就直接向报社索求，在信中附寄贴邮票，写好回寄地址信封，基本上所需报纸都能寄来。第三招是报友交流。石天柱的余报目录从来都是厚待报友的，只要报友有需求，他从不计较利益，慷慨相助，得到报友的信任，同时，也从报友那里得到自己需要的藏品，《华人时报》、《留学生新闻报》等中日文报，就是"洋报友"日本熊本市庄山宏宇用航空邮件寄来的。

生命不息，集报不止。石天柱决心将集报进行到底，集报已经成为他生活的一部分，更是他生命的一部分。

六、创刊号大王背后的故事

一张报纸的诞生、一本杂志的诞生，称其为"创刊号"。别名"诞生号"、"创始号"、"露面号"、"第一集"、"总第一期"等。"创刊号"一词始于何时何地，无从考据。公认的定义，尚待研究。"创刊号"是一张报纸、一本杂志诞生的载体，恐怕没有人怀疑。收藏"创刊号"意义何在？有位藏书家一语道破天机："在喜好收藏旧期刊的人当中，有专门搜求创刊号者，这是可以理解的。因为期刊数量很大，若想齐备简直是不可能的，独收创刊号亦是一法。"老期刊收藏家谢其章说："创刊号，是一本杂志的第一声呐喊。第一声，第一个，头一遭，总是特别珍重。"

珍藏创刊号是一种情趣使然，是一种追求驱动，是一种文化情怀。随着时间的推移，历史沧桑的变迁，古今并陈的创刊号，带着岁月的刻痕，折射出历史的流行和演进，承载着文化的积累与沉淀。创刊号背后有着说不完的丰富有趣的生动故事。

　　创刊号上大都有一篇发刊词。创办一种报刊，大多总要发一篇开场白性质的文章，告诉读者刊物的性质、内容和办刊宗旨，等等。随着时间的推移，发刊词成为了解那个时代的珍贵文献资料。跟着创刊号一起扬名成金的发刊词，就显得弥足珍贵，诚可谓"落霞与孤鹜齐飞，秋水共长天一色"。梁启超在为《改造》杂志创刊写的发刊词结尾一句"嘤共鸣矣，求其友声"，本来语出古老的《诗经》，但在此却化腐朽为神奇，此处无声胜有声。

创刊号收藏

报刊自创刊号始，可以出版几十期几百期甚至上千期，可以延续几年、几十年甚至上百年，唯有创刊号是最原始的、不可重复的，国学大师季羡林说过："怀旧能使人心灵净化。"创刊号是最能怀旧的，创刊号越是年代久远，存世量越少，就越显珍贵。

创刊号收藏中国"吉尼斯之最"证书获得者冯建忠，人称"创刊号大王"。据报载冯建忠经过近 30 年的苦苦寻觅，共收藏了我国不同历史时期及美、日等海外几十个国家的各种杂志创刊号突破一万种，新中国以前创刊号两千多种，其中有许多珍品、孤品，填补了我国收藏界的一项项空白。痴迷和执著精神，支撑着创刊号大王冯建忠的成功之路。

冯建忠自幼喜爱读书，休息时经常读书看报，成为一种生活嗜好。高中毕业后应征入伍成为一名战士，那时部队每月津贴 6 元，他用这些津贴购买书报杂志，后来对创刊号情有独钟，搞起了专题收藏，这样奠定了他一生的追求。

冯建忠作为上海高桥石化公司普普通通的职工，薪水并不高，生活也不富裕，为了收藏创刊号，他不抽烟不喝酒，生活能节俭就节俭，省下的钱都用于创刊号的投资，有时还要拿家里的物品与人交换，节假日不辞辛苦四处觅"宝"。有一次，一位创刊号藏友有意转让手中一百多本解放前出版的各种期刊创刊号，冯建忠忍痛割爱，将自己精心收藏有茅盾、巴金等作家签名的书和一批老邮票，以物换物做了交换。为此，女友很是不理解，为他惋惜的同时，一气离他而去。由于对收集创刊号太执著，使他几次恋爱都告失败。有一次他和女友一起高兴地去看电影，在路上他发现地摊上有出售旧报刊的，便被吸引住，不顾女友的劝解，放弃看电影，在旧书摊中聚精会神地淘起"宝"来，突然，一本刊名为《前锋》的旧杂志跳入眼帘，仔细一看，还是中国共产党于 1923 年 7 月 1 日创刊的理论刊物，主编为瞿秋白，他如获至宝喜出望外，可女友又是离他而去。

功夫不负有心人，只要不断地追求就会成功。收藏创刊号，不但要舍得花时间，舍得投资，舍得割舍，还要不断地学习，丰富自己的学识，只有这样才能"慧眼识珠"。有一次，冯建忠收集到 1915 年在上海出版的《青年杂志》创刊号，当时想起读书时政治老师讲过由陈独秀主编的著名刊物《新青年》，不知两者有无关联，于是他利用休息日来到图书馆查找资料，反复研究，终于弄清真相。因为《青年杂志》和基督教青年会的杂志同名，所以从 1916 第二卷起更名《新青年》，成为中国革命史上十分重要的刊物。有一次，冯建忠从一位准备销毁旧印刷品的老人手中得来一捆资料，惊喜地发现一本 1923 年由恽代英主编的《中国青年》创刊号，这是一本中国共产党创办的第一份以马列主义思想教育青年的杂志，它是中国共产主义青年团首创的机关刊物。1998 年 10 月，中国青年杂志社在成立 75 周年之际，为感谢冯建忠提供创刊号这一历史文物，特邀冯建忠在北京全国政协礼堂举办"冯建忠创刊号收藏展"，展出了他精心收藏的包括《中国青年》在内的 300 多种近代创刊号杂志，轰动京城，观者如潮，"创刊号大王"冯建忠为更多人所知。

如今，冯建忠收藏的创刊号已具规模，他的家成了"创刊号博物馆"，创刊号背后的故事是迷人的，创刊号的故事挖掘不止。

七、中国报刊界之最知多少

我国是举世文明的古国，具有延绵数千年的文化传统。报刊文化从我国最早的中文杂志 1815 年在马六甲出版的《察世俗每月统记传》起，已有近二百年的历史，其间积累了凝重的报刊文化知识，产生了浩如烟海的报刊趣闻轶事，记录了多姿多彩的报刊历史变迁，如同一幅长长的画卷展现在读者面前。

君不见黄河之水天上来，奔流到海不复回。回眸报刊的历史，以一个"最"字命名，围绕着一个"最"字选题，针对一个"最"字搜寻，梳理和盘点中国报刊界不能忘记和不应忘记的珍品，把这些珍品永远地铭记史册。

第一个以中国人为读者对象的中文近代报刊《察世俗每月统记传》1815 年 8 月 5 日在马六甲正式创刊。

第一份在中国境内出版的外文报纸葡文《蜜蜂华报》1822 年 9 月 22 日在澳门创刊。

第一个在中国境内出版的中文近代报刊《东西洋考每月统记传》1833 年 8 月 1 日在广州创刊。

第一个英文版晚报，《中国之友报》1842 年 3 月 17 日在香港创刊。

第一份在中国境内出版的中文日报《申报》自 1872 年 5 月 7 日起由双日报改为日报在上海出版。

第一个中国儿童刊物《小孩月报》1874 年 2 月在福州出版。

博古通今 搜奇览胜 精华荟萃 传媒大典

中国新闻学之最

ZHONGGUO
XINWENXUE ZHIZUI

方汉奇 李矗 主编

新华出版社

《中国新闻学之最》

第一个中文号外报《循环日报》的"小纸"1874年5月4日在香港刊发。

第一个医学刊物《利济学堂报》半月刊1897年1月20日在浙江温州创刊。

第一个文摘刊物《集成报》1897年5月6日在上海创刊。

第一个农业科技报刊《农学报》1897年5月在上海创刊。

第一个数学报刊《算学报》1897年7月在浙江温州创刊。

第一个开设副刊的《字林沪报》1897年11月24日在上海附设《消闲报》。

第一份妇女报纸《女学报》1898年7月24日在上海创刊。

第一个政法报刊《译书汇编》1900年12月6日由留日学生在日本东京创刊。

第一个军队刊物《武备杂志》1904年4月在河北保定创刊。

第一个采用少数民族文字印行的蒙文《婴报》1905年冬在内蒙古创刊。

第一个漫画刊物《上海泼克》1918年9月在上海创刊。

第一个报刊广告见于1815年8月5日《察世俗每月统记传》创刊号刊登的《告帖》。

第一个刊登编者按的报纸是1833年8月1日在广州创刊的《东西洋考每月统记传》。

第一份刊登报刊"征稿启事"的报纸是1857年11月3日在香港创刊的《香港船头货价纸》。

第一个使用标点符号的报纸是1876年3月30日在上海出版的《民报》。

第一个采用横排的中文报纸是1876年11月23日在上海创刊的《新报》。

第一个文艺报是1896年6月6日在上海创刊的《指南报》。

第一部中国报律《大清报律》1908年1月由清政府商部拟定颁布。

第一本报纸索引是上海《时报》于1925年编印的。

第一个农民刊物《中国农民》1926年1月1日在广州创刊。

第一个有注册商标的报纸《申报》自1929年7月18日正式批准专用。

第一份少年画报《少年画报》1937年4月14日在上海创刊。

第一次刊登彩色照片的报刊《东方杂志》1904年3月11日在上海创刊，于1925年刊登彩照启示。

第一次采用多彩套印的报刊是1932年6月27日的上海《时报》。

第一个中国记者节是1934年9月1日。

第一次举办世界报展的是1935年10月复旦大学新闻系主办的"世界报纸展览会"。

第一次获国际新闻奖的是1941年5月15日《大公报》获美国密苏理大学新闻学院授予的1940年度外国报纸荣誉奖章。

第一个新闻专业是1924年上海圣约翰大学开办的报学专业。

第一部系统研究新闻史的著作是1927年11月戈公振著的《中国报学史》。

第一份由少年儿童自己编辑出版的报纸《小主人报》1983年7月15日在上海创刊。

第一家专门刊登杂文的报纸《杂文报》1984年10月2日在河北石家庄创刊。

第一份盲人刊物《盲人月刊》1954年3月在北京创刊。

第一份侨刊《新宁杂志》1909年在广东台山县创刊。

第一次由文字直排版改为横排版的是1955年1月1日的《光明日报》。

第一套大型编辑工作丛书《编辑丛书》1984年起由山西人民出版社编辑出版。

第一部新闻事业编年史专著是2000年9月由方汉奇主编，福建人民出版社出版的《中国新闻事业编年史》。

中国报刊界之最知多少？方汉奇、李矗主编的《中国新闻学之最》，为中国新闻学博古通今、搜奇览胜、精华荟萃之作，收录"中国新闻学之最"千余条，其中报刊界之最独占鳌头，蔚为大观。

创刊号封面的述说

《上影画报》创刊号

《电影画刊》创刊号

《女友》创刊号

《拳击与格斗》创刊号

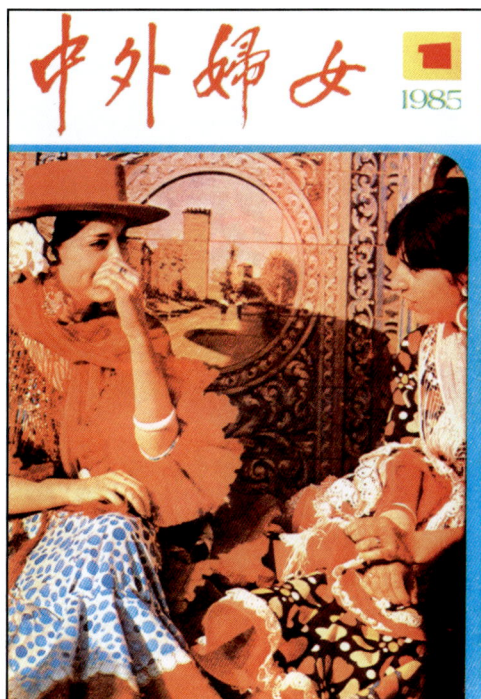

《中外妇女》创刊号

《长寿》创刊号

173

《爱的天地》创刊号

《围棋天地》创刊号

《卓越》创刊号

《中国园林》创刊号

《中国质量万里行》创刊号

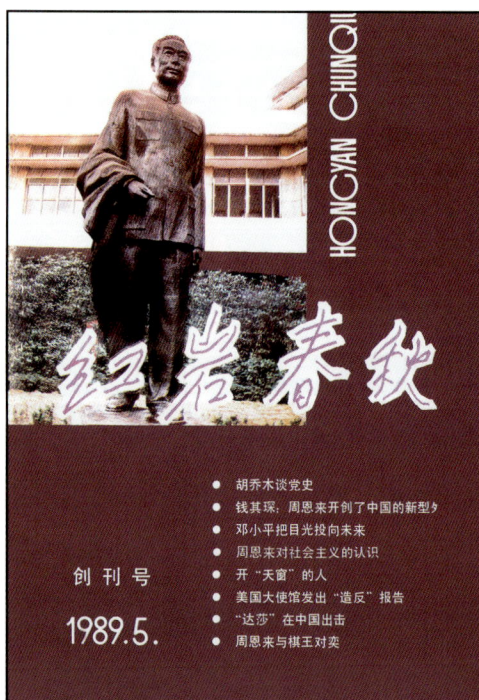

《红岩春秋》创刊号

《民俗》创刊号

《中华儿女》创刊号

《知音》创刊号

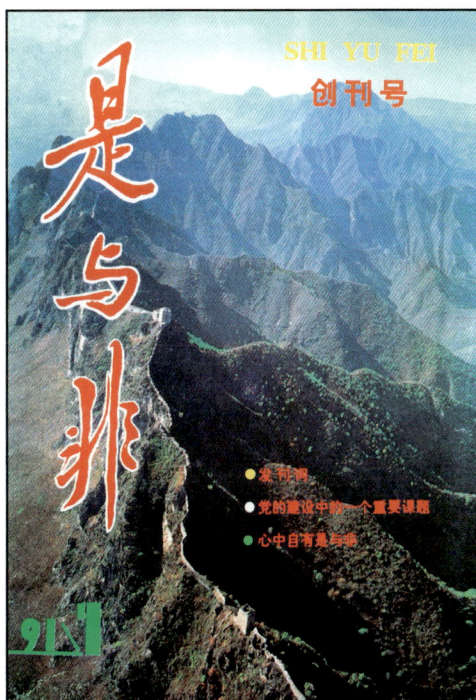

《是与非》创刊号

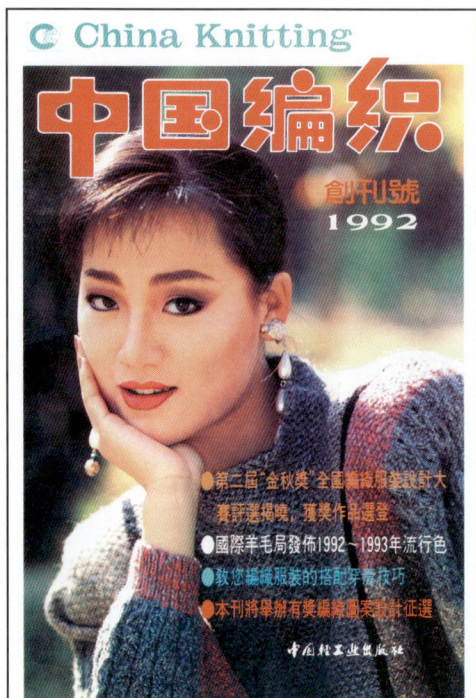

《中国编织》创刊号

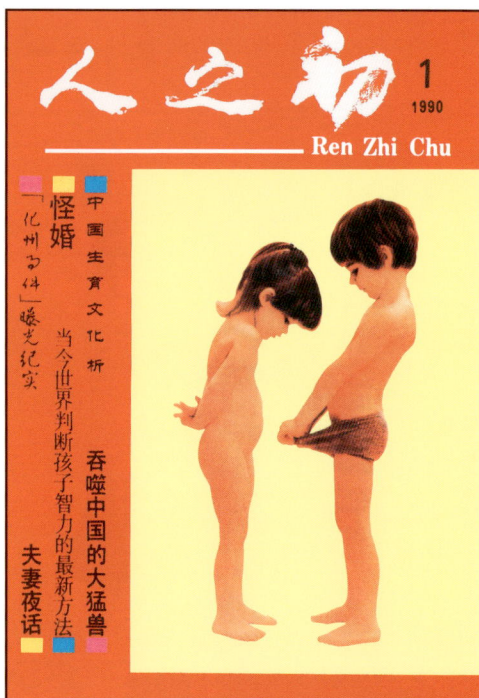

《人之初》创刊号

《康乐世界》创刊号

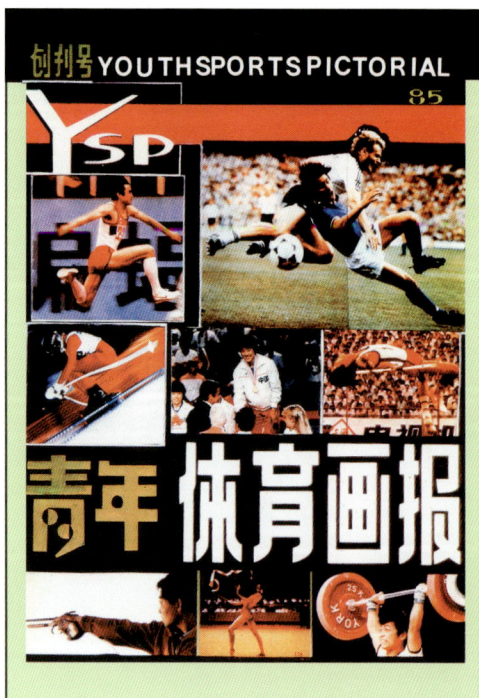

《青年体育画报》创刊号

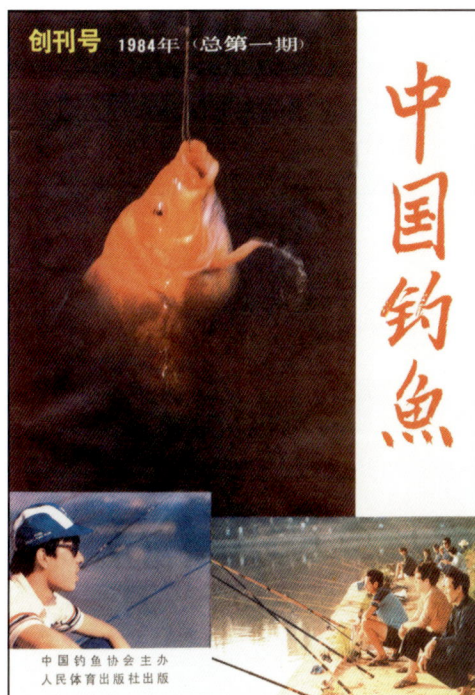

《中国钓鱼》创刊号

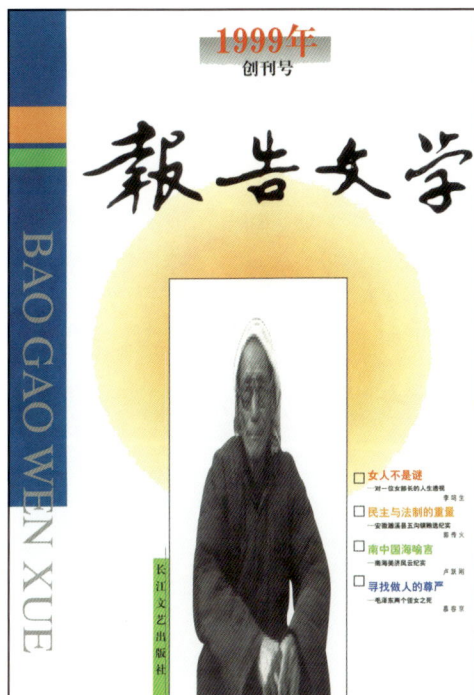

《报告文学》创刊号

《中国大学生》创刊号

《家家乐》创刊号

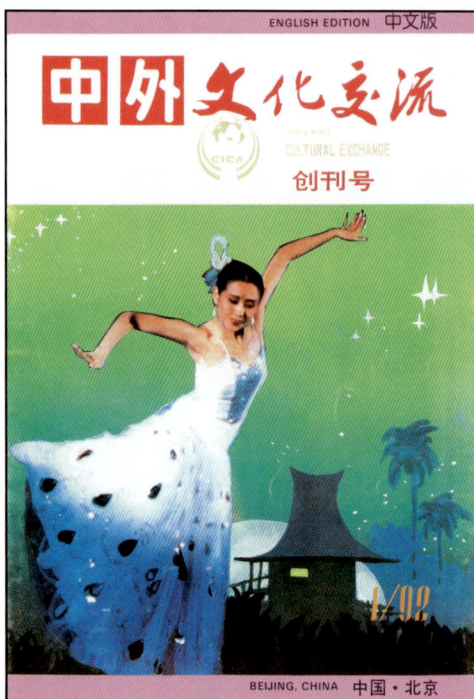

《中外文化交流》创刊号

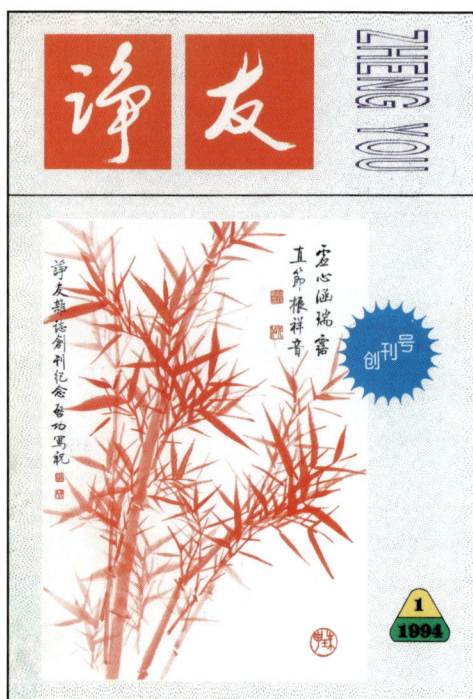

《诤友》创刊号

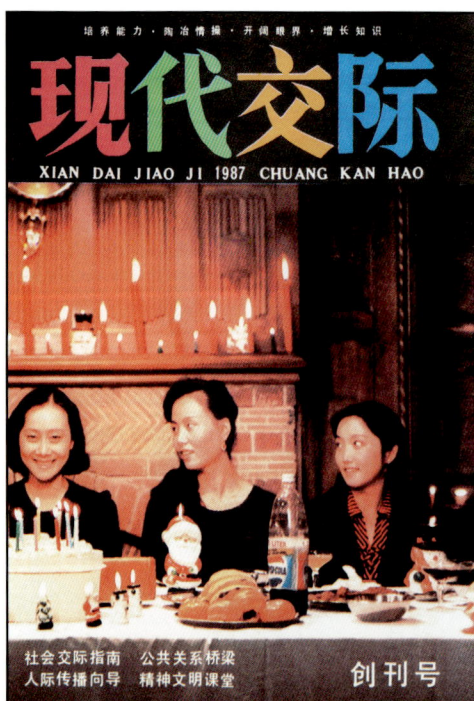

《现代交际》创刊号

《中华家教》创刊号

《服饰与美容》创刊号

《时尚》创刊号

《中国酒》创刊号

《东方》创刊号

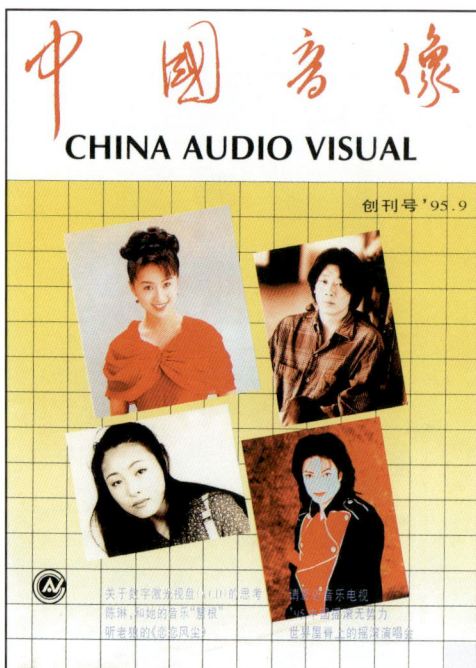

《中国音像》创刊号

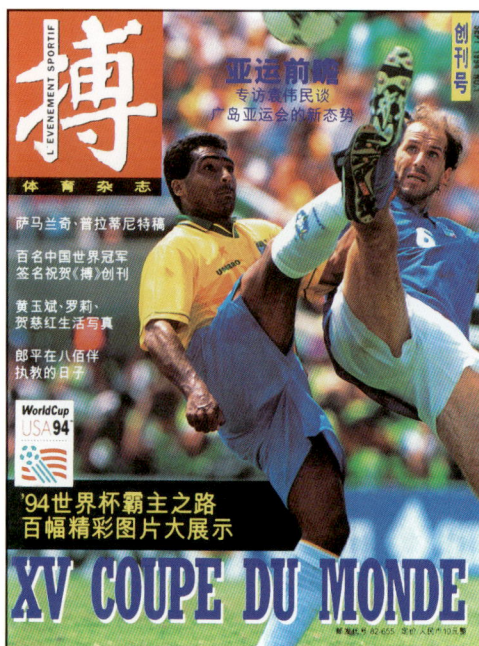

《搏》创刊号

《中国京剧》创刊号

《大家》创刊号

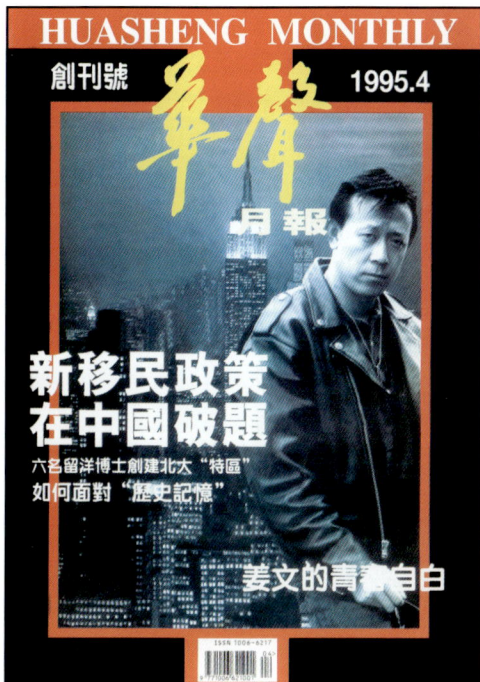

《华声月报》创刊号

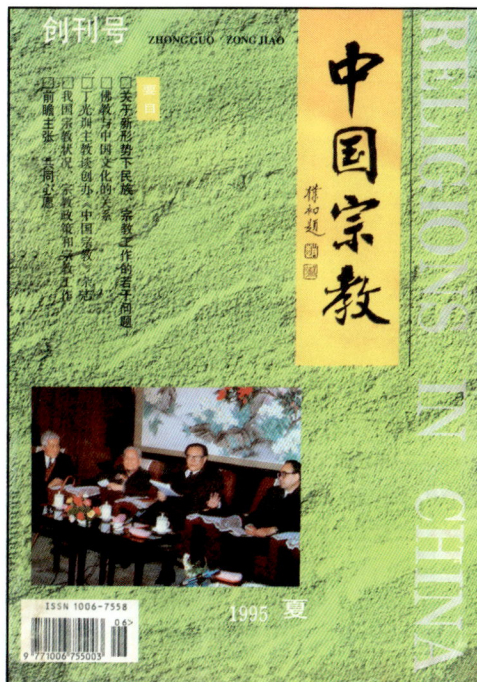

《中国宗教》创刊号

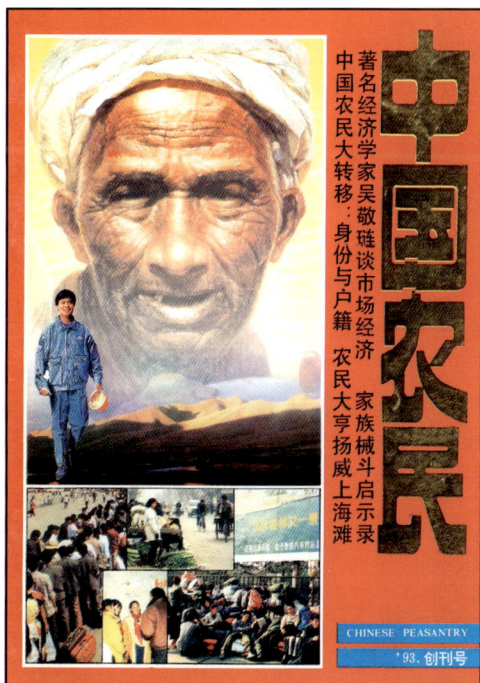

《中国农民》创刊号

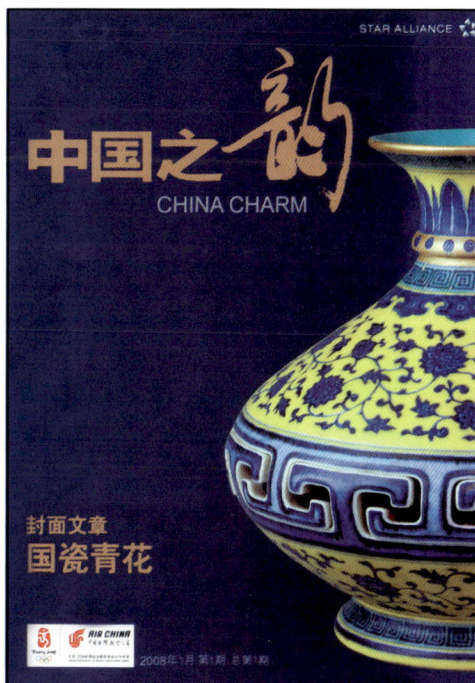

《中国之韵》创刊号

《潮商》创刊号

《东方人物周刊》创刊号

《科技尚品》创刊号

《家人》创刊号

《环球慈善》创刊号

《大众数码》创刊号

《伊周》创刊号

《姐妹科学》创刊号

趣味收藏系列丛书

定价：45.00 元

明信片是人们沟通信息和友谊的"小飞鸽"。本书是国内出版的第一部系统介绍明信片知识、研究和鉴赏明信片的专著，图文并茂，知趣结合。

定价：58.00 元

小邮票，大学问；小邮票，趣味多。本书集中展示了形式多样、形态各异、材质不同的各类邮票，随手翻阅，让人乐趣无穷。

定价：43.00 元

门券，进门之凭证，更是文化展示的T型台。本书收录的众多门券图片，把祖国的壮丽山河、古迹名胜、文物器物、民俗风情生动地呈现在读者的面前。

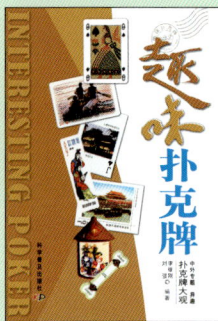

定价：56.00 元

扑克牌是大众娱乐品，也是文化的载体。本书收集了大量的扑克牌图片，介绍了有关扑克牌的起源、流传以及扑克文化中的各种趣事。

定价：43.00 元

本书以翔实的史料和图片，介绍了历史上的著名报刊、当代知名报刊、报刊轶事、收藏报刊以及报刊的种种形式，相信你会从中受益匪浅。

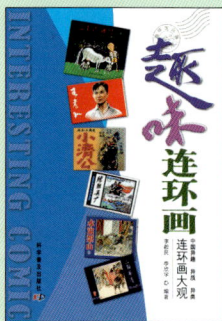

定价：48.00 元

本书介绍了中国连环画的演变历程、创作出版的丰硕成果，诉说了连环画背后的有趣故事，展现了连环画的知识性、艺术性、趣味性。

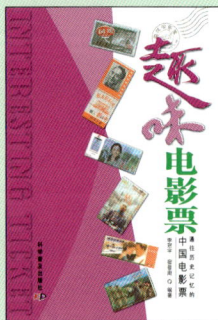

估价：56.00 元

电影是大众的艺术。电影票可以折射出电影的发明、演变历程，还展示了经典作品和名星的魅力。本书将带你浏览电影的历史，欣赏佳作和明星。

估价：55.00 元

本书通过大量精美的书籍封面，讲述了书籍收藏的源流、历史沿革以及历代的禁书、书籍的趣闻轶事、古籍善本和各种关于书籍的有趣故事。

估价：55.00 元

剪纸是中国民间传统装饰艺术，有着悠久的历史。本书介绍了具有代表性的剪纸流派，展示了不同的地域的风采和民俗以及中国社会的变迁、历史等。